TRICK 17

WINTER & WEIHNACHTEN

222 Lifehacks

Alltagsdinge zweckentfremden und sich das Leben leichter machen.

Bianka Langnickel, Franziska Heidenreich

Danke!

Die Autorinnen danken den Firmen UHU GmbH & Co. KG (Bühl/Baden), RAYHER HOBBY GmbH (Laupheim), HEYDA (Baier & Schneider GmbH & Co. KG; Heilbronn), Buttinette Textil-Versandhaus GmbH (Wertingen) und Marabu GmbH & Co. KG (Tamm) für die freundliche Unterstützung mit Kreativmaterial.

Impressum

Modelle: Franziska Heidenreich (S. 12, 13, 18, 19, 20, 21, 22/23, 26, 27, 28, 32/33, 34, 35, 36, 39, 40, 41, 42, 43, 44, 51, 52, 55, 60, 61, 62, 67, 69, 70, 76, 77, 87, 88, 89, 92, 93, 94, 98, 99, 106/107, 109, 112/113, 118, 119, 120, 122, 123, 124, 125, 126, 148, 149, 151, 153, 157, 158, 166, 174, 176, 178, 179, 180, 181, 183, 186, 194, 195, 196, 198, 201, 202, 205, 206, 207, 208/209, 210, 211, 219, 221, 222, 225, 227, 228, 229, 232, 235, 245, 246, 248, 249, 252, 254, 262/263, 264, 266, 268, 270, 273, 274, 283, 285, 286, 289, 292, 294, 295, 296, 297, 298), Bianka Langnickel (S. 14/15, 16, 17, 24, 25, 29, 30, 31, 37, 38, 50, 53, 54, 56/57, 58, 59, 63, 64, 65, 66, 68, 71, 72, 73, 74, 75, 78/79, 86, 90, 91, 95, 96, 97, 108, 110, 111, 114, 115, 116/117, 121, 127, 128/129, 130, 131, 132, 138/139, 140, 141, 142/143, 144, 145, 146, 147, 150, 152, 154, 155, 156, 159, 160, 167, 168/169, 170, 171, 172, 173, 175, 177, 182, 184, 185, 187, 188, 197, 199, 200, 203, 204, 218, 220, 223, 224, 226, 230, 231, 233, 234, 242, 243, 244, 247, 250/251, 253, 255, 256, 258, 259, 260, 261, 265, 267, 269, 271, 272, 275, 282, 284, 287, 288, 290, 291, 293)
Fotos: frechverlag GmbH, 70499 Stuttgart; Fotolia: abbisartshop (Untergrund, Cover sowie S. 10/11, 48/49, 84/85, 104/105, 136/137, 164/165, 192/193, 216/217, 240/241, 280/281), Smileus (Zweig, Cover sowie S. 10/11, 48/49, 84/85, 104/105, 136/137, 164/165, 192/193, 216/217, 240/241, 280/281), sandra cunningham (S.184), Franziska Heidenreich (S. 12, 13, 18, 19, 20, 21, 22/23, 26, 27, 28, 32/33, 34, 35, 36, 39, 40, 41, 42, 43, 44, 51, 52, 55, 60, 61, 62, 67, 69, 70, 76, 77, 87, 88, 89, 92, 93, 94, 98, 99, 106/107, 109, 112/113, 118, 119, 120, 122, 123, 124, 125, 126, 148, 149, 151, 153, 157, 158, 166, 174, 176, 178, 179, 180, 181, 183, 186, 194, 195, 196, 198, 201, 202, 205, 206, 207, 208/209, 210, 211, 219, 221, 222, 225, 227, 228, 229, 232, 235, 245, 246, 248, 249, 252, 254, 257, 262/263, 264, 266, 268, 270, 273, 274, 283, 285, 286, 289, 292, 294, 295, 296, 297, 298), iStock: laperla_foto (S.111), gordana jovanovic (S.183), Bianka Langnickel (S. 14/15, 16, 17, 24, 25, 29, 30, 31, 37, 38, 50, 53, 54, 56/57, 58, 59, 63, 64, 65, 66, 68, 71, 72, 73, 74, 75, 78/79, 86, 90, 91, 95, 96, 97, 110, 114, 115, 116/117, 121, 127, 128/129, 130, 131, 132, 138/139, 140, 141, 142/143, 144, 145, 146, 147, 150, 152, 154, 155, 156, 159, 160, 167, 168/169, 170, 171, 172, 173, 175, 177, 182, 185, 187, 188, 197, 199, 200, 203, 204, 218, 220, 223, 224, 226, 230, 231, 233, 234, 242, 243, 244, 247, 250/251, 253, 255, 256, 258, 259, 260, 261, 265, 267, 269, 271, 272, 275, 282, 287, 288, 290, 291, 293), lichtpunkt, Michael Ruder, Stuttgart (S. 8/9, 46/47, 82/83, 102/103, 134/135, 162/163, 190/191, 214/215, 238/239, 278/279)
Illustrationen: Fotolia: girafchik (hand drawing decorative elements), FSM Premedia GmbH & Co. KG, Münster (Silvester- und Winterzeichnungen), Christine Gerlach und Charlotte Müller, www.rosenrot-berlin.blogspot.de (Kapitelaufmacher S. 8/9, 46/47, 82/83, 102/103, 134/135, 162/163, 190/191, 214/215, 238/239, 278/279)
Produktmanagement und Lektorat: Monique Rahner und Anja Detzel
Korrektorat: Redaktionsbüro Uta Koßmagk, Wiesbaden
Herstellung: Katrin Röhlig
Layout und Satz: FSM Premedia GmbH & Co. KG, Münster
Druck und Bindung: Livonia Print SIA, Lettland

1. Auflage 2016

TRICK 17

WINTER & WEIHNACHTEN

Die Autorinnen bei der Arbeit!
Mehr erfahren Sie auf den Seiten 306 und 307.

Inhalt

OH, JA WEIHNACHTEN!

Die schönste und doch zugleich stressigste Zeit des Jahres steht wieder vor der Tür… und es gibt noch sooo viel zu erledigen: Die Wohnung soll geschmückt, die letzten Geschenke besorgt und hübsch verpackt werden und Weihnachtsstimmung soll natürlich auch aufkommen. Klar, dass man hierbei gerne den einen oder anderen Trick oder Kniff parat hätte, der einem das Leben erleichtert und (aufwand- und kostengünstig) verschönert. Denn anstatt hektisch durch den Alltag zu hetzen, sollte man in der Advents- und Weihnachtszeit doch etwas zur Ruhe kommen.

– Oder zumindest Zeit für einen Glühwein auf dem Weihnachtsmarkt finden! 222 geniale und originelle Lifehacks zu diesem Thema werden hier im Buch vorgestellt, die nur darauf warten, von dir ausprobiert zu werden. Von kreativen Ideen, wie die Geschenke verpackt werden (ohne Geschenkpapier, dafür mit Socken), über großartige Spiel & Spaß Ideen, bis hin zu leckeren Rezepten rund um Plätzchen und Braten. Hiermit steht der erholsamen und entspannten Weihnachts- und Adventszeit nichts mehr im Wege!

Noch 24 Tage bis Weihnachten

Mit Sprühfarbe verleihst du alten Holzdekorationen modernen Glanz.

VIER
DREI
ZWEI
EINS
WEIHNACHTEN STEHT VOR DER TÜR

Frische
llmilch
25
44
3,8%

Der Advent ist eine große Heraus-forderung: An jeder Ecke wartet eine Party, du solltest schnell die letzten Geschenke besorgen und neben Alltag und Arbeit auch noch die Wohnung festlich schmücken. Wie gut, dass es diese Easypeasy-Deko-Lifehacks gibt, die dir viel Mühe ersparen.

1 Licht im Glas

Eine schöne Deko erhält man, indem man ein großes Vorratsglas mit vielen kleinen Weihnachtskugeln und Dekogegenständen befüllt und zudem noch eine batteriebetriebene Lichterkette im Inneren des Glases verteilt. Den Schalter zur leichteren Handhabung unauffällig oben mittig platzieren.

Ein Glas voller LED-Lichter kann man unbesorgt unbeaufsichtigt lassen – und es macht sich gut am Wohnungseingang oder auf dem Balkon!

Achtung vor scharfen Dosenkanten! Ggf. mit einer Feile glätten.

Eine leere Konservendose kannst du nach Herzenslust mit Lack oder Sprühfarbe und bunten Tapes gestalten oder anmalen und anschließend mit Steckmasse und Moos füllen. Vier Kerzen und eine hübsche Beschriftung mit Klebeetiketten – und schon hast du den perfekten kleinen Adventskranz. Dekostecker oder Stecknadeln mit bunten Köpfen ergänzen das Ganze.

Schönes Döschen 2

BUTTERBROT-TÜTEN-STERN

3

❶

1 Schneide 14 Butterbrottüten an der offenen Seite spitz zu.

2 Bestreiche die jeweils untere geschlossene Kante und die Mittelachse mit Klebstoff...

3 ... und klebe eine Butterbrottüte nach der anderen aneinander, bis der Stern geschlossen ist.

4 Für die Aufhängung ein Stück doppelseitiges Klebeband am Stern anbringen und Angelschnur zwischen Kleber und Stern in der gewünschten Länge befestigen.

Letztes Element nicht verkleben, so lässt sich der Stern problemlos in einem Briefumschlag verschicken!

4 ZAHN-STOCHER-STERN

Du brauchst sechs Zahnstocher und etwas Washi Tape (alternativ kleine Haargummis). Klebe drei Zahnstocher mit Washi Tape an den Spitzen aneinander. Die anderen drei ebenfalls fixieren, dabei aber eine Seite offen lassen. Die beiden Dreiecke ineinanderstecken und letzte Spitze verschließen.

Schnell & schick!

Männersache!

5

Herrenkranz

Stelle vier kleine Biere im Quadrat auf eine Unterlage (z.B. Küchenbrett). Jeweils eine Wurst zwischen die Biere legen und etwas Weihnachtsdeko in dem Herrenkranz verteilen.

6 Adventskranz Marke „Feuerfest“

Blitzschneller, feuerfester Adventskranz. Einfach etwas Steckmasse oder alternative Füllungen wie Alufolienkugeln in eine Kastenform füllen, mit Moos bedecken, vier Stumpenkerzen und ein bisschen vorhandene Weihnachtsdeko darauf verteilen. Fertig ist der sichere Adventskranz.

Natürlich eigenen sich auch Spring- oder Gugelhupfformen.

NIKOLAUSDOSE

(Tomaten-)Dose leer essen, auswaschen, trocknen lassen, rot lackieren, ausrangierten Gürtel drum und schon hat man eine weihnachtliche Vase für alles, was grün ist.

7

Der Lack sollte für Metall geeignet sein, damit er auch haftet. Auch innen schadet ein bisschen Lack nicht, denn er schützt die Dose vor dem Verrosten.

8 Pocket-Adventskalender

Adventskalender-Überraschung: Nimm eine Streichholzschachtel für große Streichhölzer (Kaminhölzer), umklebe sie mit Papier. Anschließend gestaltest du sie individuell mit Zahlen von 1–24 und weihnachtlichen Motiven. Auch runde Klebeetiketten aus dem Bürobedarf leisten hier gute Dienste. 24 Geleebohnen oder 24 Schokolinsen sind die optimale Kalenderfüllung.

Wer es nicht süß mag, legt 24 Minizettel mit schönen Botschaften hinein.

KNUSPER-GIRLANDE 9

Eine witzige Girlande, die allerdings nicht sicher vor gefräßigen Gästen ist: Einfach Plätzchen ausstechen (Herzen, Bäume, Männchen oder Sterne) und vor dem Backen mit einem Strohhalm mittig zwei Löcher einstechen, durch die man nach dem Backen ein schickes Webband fädeln kann.

Verwende einen Teig ohne Backpulver oder Hefe (z. B. Gingerbread Man Seite 302), damit die Löcher sich durch den Backvorgang nicht wieder schließen.

Vor dem Abbrennen das Papier entfernen und die Kerzen auf einen feuerfesten Teller stellen.

Schnelles Geschenk!

10 GEWÜRZKERZE

1 Du knotest jeweils einen Docht an einen Schaschlikspieß.

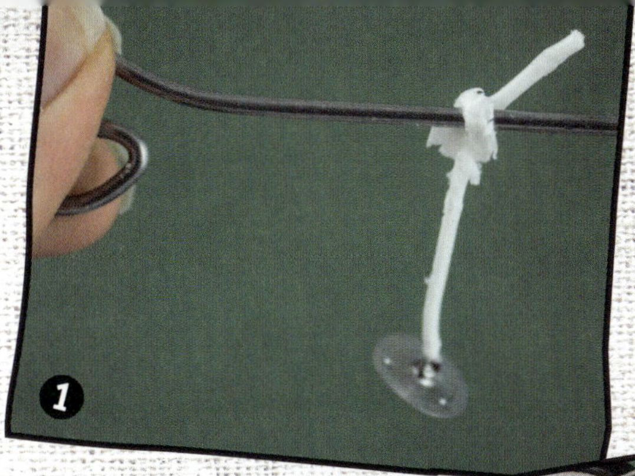

2 Ein Muffinblech mit Papiermuffinförmchen auslegen. Die Spieße mit den Dochten legst du quer über die Muffinmulden, sodass die Dochte in die Muffinförmchen hängen. Brösle nun Kerzenwachs oder 3–4 Teelichte in die Förmchen.

3 Stelle das Muffinblech mit den Schaschlikspießen etwa 10 Minuten, bei 150 °C (vorgeheizt) in den Backofen. Ist das Wachs fast flüssig, legst du deine Gewürze (Zimtstangen, Kaffee, roten Pfeffer, getrocknete Orangenstücke und Sternanis) hinein.

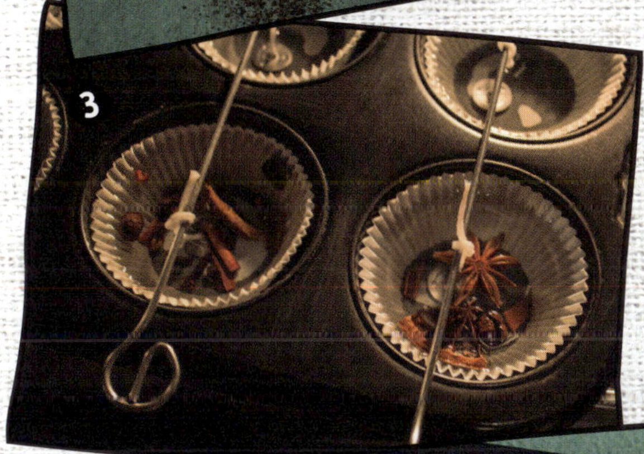

4 Nimm das Muffinblech aus dem Backofen, und wenn das Wachs fast wieder fester wird, legst du noch einige dekorative Gewürzstücke drauf.

11 Adventskranz-Nostalgie

Tannenzweige (alternativ Zapfen, Stechpalme oder Mistelzweige) in vier Sammeltassen verteilen und in jede Tasse eine Stumpenkerze stellen. Die Zahlen 1–4 auf Kreidetäfelchen schreiben.

Nostalgie aus Omas alten Tassen – die Tassen gehen dabei nicht kaputt!

Kleine Ziffern-Kärtchen zum Ausschneiden findest du auf Seite 315.

Cooler Adventskalender:
In den Korb kannst du kleine, verpackte Geschenke legen.

RENBIERE

12

Maskuline Dekoration: gestalte fünf Bierflaschen mit Wackelaugen, Nasen aus Pompons und Geweihen aus Chenilledraht zu Rentieren um. Einen Weihnachtsmann in eine mit Reisig ausgelegte Kiste setzen und mithilfe einer Schnur mit den Rentieren verbinden.

Schnellverpackung: Plätzchentüte

13 Adventskranz to go

Diesen Adventskranz kannst du wirklich überall mit hinnehmen – sogar auf Weltreise. Vier Teelichte mit Washi-Tape verzieren und die Ziffern von 1–4 draufschreiben; ein paar Streichhölzer dazu – fertig!

Advents-kalender-blech

14

Ein 24er-Muffinblech wird schnell zu einem Adventskalender, wenn man sich aus Tonpapier in Lieblingsfarben 24 Kreise ausschneidet, die die Mulden 5 mm überlappend abdecken. Tonpapierkreise mit Aufklebern, Stiften und den Ziffern von 1–24 gestalten, Mulden füllen und die Kreise anschließend mit doppelseitigem Klebeband auf die Mulden kleben.

Gute Füllungen sind Schokolinsen, Bonbons, Knöpfe, Zettel mit Sprüchen oder aber kleiner Baumschmuck.

15 Trinkdeko

Tetra Pak™ leer trinken, ausspülen und trocknen lassen. Gerade oder in Dachform aufschneiden und mit einem Cutter Türen und Fenster einschneiden. Wer unsicher ist, sollte mit wasserfestem Stift vormalen. Anschließend die Getränkekartons (weiß, hellblau oder rosa) anmalen (Acrylfarbe) und nach dem Trocknen ggf. mit einem Filzstift weiter dekorieren (Hausnummern und Mauerwerk aufzeichnen). Teelichter ins Innere stellen, fertig ist die Recycling-Deko.

LED-Teelichter kann man auch mal unbeaufsichtigt lassen.

Dekoration in neuem Gewand

16

Schon seit Jahren der alten Weihnachts-Dekoration überdrüssig? Dann ist das genau das Richtige für dich: Nimm dir einen Dekoklassiker und besprühe ihn (auf einer alten Zeitung) mit Sprühfarbe. Lass alles gut trocknen.

Klasse in Gold, Nachleuchtend oder Neonpink!

17

Zuckerlichter

Die Familie kommt zum Adventskaffee und du hast nicht dekoriert? Das 5 Minuten-Zuckerlicht hilft! Dazu mit Kreppband ein Glas mit dem gewünschten Muster abkleben und mit Haarlack besprühen. Danach Puderzucker durch ein Sieb fein über das Glas sieben, trocknen lassen und das Kreppband abziehen. Noch einmal mit Haarspray fixieren. Eine Kerze in das Glas stellen, anzünden und den Besuch willkommen heißen.

Das Abkleben geht auch super mit kleinen Sternaufklebern.

ZUCKERSTANGEN-KRANZ 18

Candycane-Kranz: Du benötigst 22–24 Zuckerstangen (die Anzahl variiert je nach Größe der Stangen). Lege immer zwei Zuckerstangen zu einem Herz aneinander und schiebe alle Herzen zu einem Kranz zusammen. Die Verbundstellen jeweils mit starkem flüssigen Klebstoff aneinanderkleben, trocknen lassen und ein Band am Kranz befestigen.

Zerbrochene Zuckerstangen kannst du zu Tischkartenhaltern verarbeiten (siehe Seite 127).

19

O TANNENBAUM

Lackiere dir die Nägel rot. Lasse die Farbe sehr gut trocknen. Aus Malerkrepp schneidest du dir erst zwei 0,5 cm breite Streifen, mit denen du einen Keil auf dem Nagel abklebst. Dann schneidest du dir fünf oder sechs 0,1 cm breite Streifen aus Malerkrepp zu, die du gekreuzt auf dem Lackdreieck andrückst. Lackiere schwarz (oder dunkelgrün) darüber. Lass den Nagellack sehr gut trocknen. Kreppstreifen vorsichtig abziehen. Mit Klarlack lackieren und in den noch feuchten Lack einen Mini-Strassstein als Baumspitze (oder einen auf jeden Zweig) setzen. Trocknen lassen.

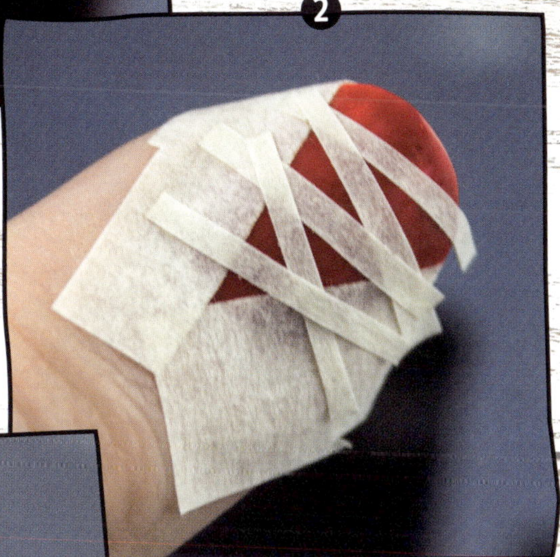

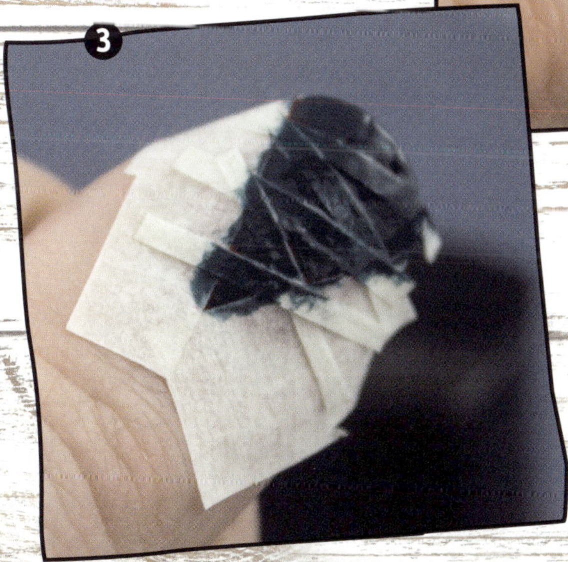

Veranstalte einen Mädels-abend – die langen Trockenzeiten lassen sich so prima aushalten.

20 DEKOBÜGEL

Keinen Bock auf einen klassischen Türkranz? Schnapp dir einen Metallkleiderbügel, Tannengrün, deine vorhandene Weihnachtsdeko, ein bisschen Nylonfaden und je nach Geschmack ein Dekotier. Die Äste mit dem Nylonfaden am Bügel festknoten, Deko (Stofftier oder Plastikpilz) dranstecken – fertig!

Statt eines Tieres sieht auch eine große Schleife aus schickem Satinband super aus!

Fix fixiert 21

Girlanden und Lichterketten kann man spur- und mühelos an Treppen anbringen, wenn man, statt Klebeband oder Nägel zu verwenden, lange Kabelbinder in gleichmäßigen Abständen festzurrt.

Alternativ geht natürlich auch Draht, dessen Enden man unauffällig unter dem Geländer verzwirbelt.

22 Winter auf Vorrat

Nimm dir das, was für dich Weihnachten symbolisiert: Watte, Spielzeugautos, Holzengel, Bäumchen von Eisenbahnplatten oder was auch immer du gerade parat hast und befestige es mit Klebstoff im Inneren eines Schraubglas-Deckels. Zuschrauben und fertig!

Schneekugel: Plastiktier auf Deckel kleben, Glas mit Wasser und Glitter füllen, Deckel aufschrauben. Fertig!

Alternativ formst du viele Kugeln aus Alufolie und mischst sie unter deine Baumkugeln – fällt fast nicht auf und gibt ebenfalls mehr Volumen.

Dekorations-volumen 23

Wenn mal wieder nicht genug Kugeln zu finden sind, dann kannst du ein wenig tricksen. Nimm dir ein großes Gefäß und stelle eine Klopapierrolle hinein. Nun verteilst du Christbaumkugeln um den Pappkern, bis dieser verdeckt ist und schon sieht es aus, als ob das ganze Gefäß mit Kugeln befüllt sei.

24

Gefärbter Reis

Nimm drei volle Hände Reis und schwenke diesen in Lebensmittelfarbe und ein bisschen Wasser, jede Farbe in einem anderen Schüsselchen. Den Reis nun 15 Minuten in der Farbe durchziehen lassen und ihn dann in einem Sieb abtropfen lassen. Streue den bunten Reis auf Backpapier und stelle ihn bei 150 °C 15 Minuten in den Ofen. Danach herausnehmen, in ein Glas schichten und eine Kerze dazupacken.

Toll sind bunte Schichten! X-mas-Feeling verbreiten Windlichter in Rot-Weiß-Rot, Rot-Schwarz-Rot und Grün-Rot-Grün!

Duftes Glas

25

In einem Vorratsglas kannst du dir einen angenehmen Raumduft mischen: Orange, Zitrone, Lorbeer, Nelken, Zimt, Vanilleschote – es gibt viele Möglichkeiten. Deine Auswahl steckst du etwas zerkleinert in das Glas und füllst es mit kochendem Wasser auf. Das Wasser nimmt die Aromen auf und beim Verdunsten verbreitet sich der Duft. Stelle das Glas an einer unauffälligen Stelle im Raum auf.

Deine Zutaten halten mit Wasser bedeckt etwa zwei Wochen.

26 Wie unauffällig!

Einen Nagel in die Tür schlagen – nur für einen Türkranz? Das hinterlässt gewiss hässliche Löcher. Du kannst auch einfach unauffällig einen Nagel oder eine Reißzwecke mit dem Hammer in die obere, schmale Türkante schlagen. Mit Nylonfaden den Türkranz daran „unsichtbar“ aufhängen.

Du kannst dir auch aus einem alten Drahtkleiderbügel einen kleinen abnehmbaren Aufhängehaken biegen, den du oben über die Tür legst.

27

Nadelfrei

Tannengrün nadelt weniger und hält länger frisch, wenn du den Astanschnitt mit feuchtem Küchenkrepp umwickelst und es dort mit einem Gummi fixierst. Das Küchenkrepp von Zeit zu Zeit wässern, z.B. mit einer Sprühflasche.

Von bekannten Varianten wie dem Einsprühen mit Haarlack ist dringend abzuraten, denn das macht dein trockener werdendes Tannengrün nur noch brennbarer!

28

LOVE GLOVE

Nächstenliebe-Deko zum Hängen, Lehnen oder Legen: Nimm dir einen hübschen Handschuh (es gibt ja in jedem Winter Handschuhpaare, von denen auf wundersame Weise nur einer übrigbleibt). Stecke Zweige in die Finger des Handschuhs – so sind sie optimal drapiert. Binde um den Handschuhschaft eine farbige Schleife. Die Äste kannst du mit Weihnachtsdeko schmücken. Lege dein gestaltetes Grün entweder dekorativ auf den Tisch oder hänge den Handschuh auf.

So ein „Boschen" (an der Tür aufgehängt) symbolisiert in vielen Regionen „Wir haben genug für einen weiteren Hungrigen – tritt ein!".

Ein farblich passendes Schleifenband um den Glasstiel ergänzt deine Deko perfekt.

GEBANNTE WILDNIS 29

Gummitiere, Weihnachtskugeln, Mini-Engel oder kleine Zapfen – stelle ein paar wunderbare Kleinigkeiten unter ein Wein- oder Cognacglas. Schon ist der Esstisch weihnachtlich geschmückt. Zusätzlich schön: Puderzucker über das Arrangement sieben, dann sieht die Tischmitte verschneit aus!

30

Käfer-Killer

Zapfen für die Weihnachtsdeko selber sammeln macht Spaß! Aber nun hast du Angst, dass Käfer aus all den Zapfen und Rindenstücken krabbeln, und sich dann in deiner Wohnung verteilen? Brauchst du nicht! Lege alle Zapfen auf ein Backblech und backe das Ganze für 30 Minuten bei 150 °C. Das hält kein Krabbler aus!

Höhere Temperatur oder längere Backzeit bringen keinen Mehrwert, die Zapfen verdorren lediglich!

Anmerkungen:

Aha!

Vor über 150 Jahren gab es einen Pfarrer namens Johann Hinrich Wichern, der sich um obdachlose Kinder und Jugendliche kümmerte. Mit einfachen Mitteln schaffte er es, weihnachtliche Stimmung zu verbreiten: Er nahm einen riesigen Holzreifen, befestigte 24 Kerzen daran und hängte ihn auf. Vom 1. Dezember an durften die Heimkinder jeden Tag eine Kerze mehr anzünden; sie hörten Weihnachtsgeschichten und sangen Lieder. Am Weihnachtsabend brannten alle Kerzen, und die Kinderaugen leuchteten. Weil viele andere Leute die Idee so schön fanden, gab es immer mehr solcher Adventskränze in den Familien, die sich mit der Zeit etwas veränderten: sie wurden mit Tannengrün geschmückt und anstatt 24 Kerzen gab es nur noch 4, für die Adventssonntage.

Apfel, Nuss & Mandelkern

Mit einer Einweg-spritze kannst du deine Plätzchen punktgenau deko-rieren.

Plätzchenduft gehört einfach zur Weihnachtszeit. Aber die besten Kekse macht schon immer Tante Olga. Du möchtest neben ihr bestehen? Kein Problem! Mach in diesem Jahr herzige Motivkekse, Bärentatzen, Fensterkekse oder Gebäck am Stiel – da wird deine Familie Augen machen!

31 Eiswaffel-Tannenbäume

Noch Eiswaffeln im Schrank? Dann einfach dunkle und weiße Schokolade schmelzen und über die Waffeln gießen. Darüber ein paar Zuckerperlen und kleine Marshmallows verteilen – fertig sind die verträumten Tannen aus dem Schlaraffenland.

Diese fixe Deko kann man auch naschen!

Weiße Schokolade lässt sich mit Lebensmittelfarbe (zum Beispiel grün) färben, wenn du die Farbe tropfenweise unterrührst.

Wähle einen Teig ohne Backpulver oder Hefe!

Basis ist das Gingerbread Man-Rezept auf Seite 302.

Hol dir alle deine figürlichen Ausstecher hervor: Männchen, Bären, Elche. Stich Kekse aus und gib Schokolinsen (backfest), eine Mandel oder eine Rosine in die Armbeuge der Figur. Nach dem Backen verleihst du den Keksbuben dann mit Zuckerschrift noch den passenden kecken Gesichtsausdruck.

32 KEKSBUBEN

Keine Schokostreusel daheim? Einfach mit einem Sparschäler Späne von einer Tafel Schokolade abraspeln!

33 Plätzchendeko-kippsicher

Auf deiner Küchenarbeitsplatte herrscht ein einziges Durcheinander aus Zuckerdeko und Nüssen? Kippsichere Abhilfe schafft eine Muffinbackform. Einfach Muffinpapierförmchen in die Mulden setzen und die Plätzchendeko verteilen. Die Papiermuffinförmchen dienen am Ende dazu, die unterschiedlichen Zuckerstreusel sauber in ihre Behälter zurückzuschütten.

34 Gefärbter Zucker

Die Lebensmittelfarbe mit wenig Wasser verdünnen. Die gewünschte Menge Zucker und die Lebensmittelfarbe in einen Cellophanbeutel geben und kneten, bis der Zucker komplett eingefärbt ist. Den Zucker auf ein Backblech gestreut 10 Minuten bei 60 °C im Ofen (Umluft) trocknen. Schon kannst du Kekse und Kaffee spektakulär dekorieren!

125 g bunten Zucker in der Kaffeemühle mahlen. 2 TL Wasser dazu, fertig ist der bunte Guss.

35 Bunter Guss

Naturfarben sind zwar nicht so intensiv wie gekaufte Lebensmittelfarben, aber dafür frei von Zusatzstoffen und künstlichen Aromen: Gelb erhältst du, wenn du (z. B. dem Keksteig) Kurkuma untermischst (Wasser dazu). Ein schönes Weinrot bei schwarzem Johannisbeersaft und Grün durch einen Sud aus gekochten Pfefferminzblättern.

Aus normalem (Würfel-)Zucker kannst du ganz einfach Puderzucker machen. Gib ihn in den Mixer und mixe ihn solange, bis er zu feinem Staub geworden ist.

Für Zuckerguss mischst du einfach Puderzucker mit Biofarbstoff.

36

Für große Prinzessinnen: Rosa Guss aus Eischnee, Puderzucker und einem Esslöffel Glühwein (oder einem Rotweinrest) anrühren. Alternativ für kleine Prinzessinnen: Statt Wein Kirschsaft verwenden.

ZUCKERSPRITZE

Keine Spritztülle griffbereit? Ein supergünstiger Artikel, der sich wunderbar zum kleinteiligen Dekorieren eignet, ist eine Einmalspritze (die gibt es für wenige Cent in der Apotheke). In den Guss (Rezept siehe Seite 302) halten und aufziehen, anschließend losdekorieren und dabei behutsam den Spritzenkolben nach unten drücken.

ESSBARER TELLER 37

1 Keine schönen Untertassen im Haus, aber die Oma hat sich angekündigt? Kein Problem! Einfach eine Kuchenform mit Backpapier und dann mit Bonbons auslegen bis der Boden bedeckt ist.

2 Nun das Ganze für 15 Minuten bei 150 °C in den vorgewärmten Ofen.

3 Abkühlen lassen und aus der Form entnehmen. Fertig sind Untertassen oder Platzteller (je nach Backformgröße).

Leckerer Blickfang!

Riesenlutscher: Cakepop- oder Schaschlikstab in die weiche Bonbonmasse legen. 1a Nikolausgeschenk!

38 WASSERBAD

Achtung!
In der Mikrowelle verbrennt Schokolade schnell!

Die Schokolade (egal welche Sorte!) zum Verzieren von Weihnachtsleckereien lässt sich ganz einfach schmelzen, wenn man sie in einem Wasserbad erhitzt. Dazu eine hohe Schale in einen mit Wasser gefüllten Topf stellen und das Wasser zum Kochen bringen. Sobald die Schokolade anfängt zu schmelzen, rührst du ständig kräftig um.

KEKSE PRÄGEN 39

Eine individuelle Teig-Prägung bekommst du ganz einfach hin, indem du deinen ausgerollten Keksteig vor dem Ausstechen mit einem schön geprägten Gefäß überrollst (Vasen haben oft tolle Oberflächen). Du kannst Kekse auch mit Glasböden bestempeln (und mit der Öffnung sogar ausstechen).

Du hast kein Nudelholz? Du kannst den Plätzchenteig gut mit einer vollen Bierdose ausrollen.

Härtefall 40

Manchmal werden knusprige Plätzchen in der Keksdose einfach zu hart. Lege ein Apfelstück, am besten auf einem Stück Backpapier, oben auf die Plätzchen in der Dose, dann werden die Kekse wieder lecker.

Alternativ kannst du auch ein angefeuchtetes Küchenkrepp auf das Backpapier legen, solltest du befürchten, dass der Apfel die Plätzchen zu sehr aromatisiert.

Knusperkekse

41

Küchenkrepp zweimal jeweils mittig falten und mit einer Schere einen Viertelkreis über die offenen Seiten schneiden. Entfaltet hat man ein rundes Küchenkrepp für runde Keksdosen.

Damit Plätzchen in der Keksdose schön knusprig bleiben, schichtet man die Plätzchen Lage für Lage in die Keksdose. Stets eine Lage Kekse mit Küchenkrepp bedecken und anschließend die nächste Lage darauf stapeln, die wiederum auch mit Küchenkrepp bedeckt wird.

Mehlstaub auf dem Förmchen ist besonders bei komplexen Ausstechformen unverzichtbar!

42 Völlig losgelöst

Die Plätzchen lösen sich beim Ausstechen schlecht vom Förmchen? Dazu einen kleinen Mehlhügel neben dem ausgerollten Teig aufhäufen und vor dem Ausstechen stets die Ausstechform kurz ins Mehl tauchen. Die Plätzchen lösen sich so ganz von allein aus dem Ausstecher oder dem (Holz-)Model.

Angebrannte Kekse retten

43

Angebrannten Keksen rückst du am besten mit einer Reibe auf den Leib. Rasple die angebrannten Stellen einfach ab, danach schmecken die Kekse lecker wie immer.

Anschließend mit Kuvertüre überziehen, dann sieht das Unglück kein Mensch!

44 SÜSSE LICHTERKETTE

Nimm dir eine Gummischlange (alternativ eine aufgerollte Lakritzschnecke) und lege sie der Länge nach aus. Danach machst du kleine Mittelstege, z. B. aus einer weiteren Gummischlange oder aus Gummibärchen. Verschmelze die Nahtstellen mit dem Feuerzeug. Schmilz nun die „Lichter“ an. Dafür eignen sich m&m's® mit Mandeln oder Bonbons.

Diese originelle Deko kannst du über den Esstisch hängen oder um eine Weihnachtstorte wickeln.

Fenster-Kekse 45

Lustig: Faden durch den Teig fädeln und die Kekse als Naschdeko ins Fenster hängen.

Für eine bunte „Kirchenfensteroptik" zerkleinerst du verschiedenfarbige Bonbons und streust vielfarbige Bonbonsplitter in die Mitte des Kekslochs.

Keks (Butterplätzchen-Rezept siehe Seite 304) und Innenfenster ausstechen, auf Backblech mit Backpapier legen. Dann legst du ein (Zitronen-)Bonbon in die Mitte des ausgestochenen Plätzchenteigs, beim Backen verläuft es und wird klar.

46 Kekse am Stiel

Welle deinen Teig 3 mm dick aus und stich zwei gleich große Herzen oder Sterne aus. Bestreiche sie einseitig mit Eigelb und lege einen kleinen Holzstab (Schaschlikstäbchen) mittig auf. Die Plätzchen so zusammenklappen, dass die mit Eigelb benetzten Seiten aufeinander liegen (du kannst die Kekse auch füllen. Lecker: ein After Eight®-Täfelchen hineinlegen). An den Rändern mithilfe einer Gabel zusammendrücken. Bei 180 °C im vorgeheizten Backofen 15 Minuten backen.

Das Mandelkeks-Rezept von Seite 303 funktioniert hierfür prima.

Viele Plätzchen kannst du auch blitzschnell in der Mikrowelle backen. Einfache Butterplätzchen für 3–4 Minuten bei 450–500 Watt in die Mikrowelle geben. Danach 5 Minuten darin liegen lassen. Abschließend auf einem Kuchengitter auskühlen lassen.

Selfmade Schoki 47

Mit Zuckerbuchstaben kann man sogar eine Message auf der Schokolade platzieren!

Selbstgemachte Weihnachts-Schokolade kommt immer gut an! Backform mit Backpapier auskleiden (diese hier ist etwa 19 cm x 19 cm) und 500 g Kuvertüre indirekt im Wasserbad schmelzen (siehe Seite 58). 50g Kokosfett dazugeben und mit einschmelzen, verrühren. Aroma-Öl (z.B. Orange) oder Gewürze (z.B. Zimt) unterrühren. Schokolade in die Form eingießen und mit Spekulatius-Crunch oder Zuckerstreuseln verzieren.

Teste auch die alternative Elvis-Füllung: Banane, angebratener Speck und Erdnussbutter. Klingt seltsam, schmeckt super!

Adventsfrühstücks-Luxus: Fertig-Blätterteig (oder Fertig-Croissantteig) in längliche Dreiecke schneiden. Apfelstücke, Rosinen, Zimt (und optional Kardamom) und Mandelstückchen vermengen und esslöffelweise auf den Teig geben. Zur Spitze hin aufrollen. Mit geschmolzener Butter bestreichen und Mandelsplitter darüber streuen. Für 15 Minuten im Ofen bei 150 °C (Umluft) goldbraun backen.

48 BRATAPFEL-CROISSANT

Candycane-Kekse

49

(Butterplätzchen-)Teig (siehe Seite 304) herstellen und in zwei gleiche Teile teilen. Einen Teil mit roter Lebensmittelfarbe einfärben. Nun aus jedem Teil Stücke abtrennen und zu einer 1 cm starken und 12 cm langen Wurst rollen. Zwei Würste miteinander verdrehen und in Zuckerstangenform (Bischofsstab) auf Backpapier legen und ausbacken.

Die gebackenen Zuckerstangenkekse lassen sich einfrieren. Entweder bei Zimmertemperatur auftauen lassen – oder für 30 Sekunden in die Mikrowelle geben und dann heiß servieren!

Witziger Streuselrand

50

Schmilz Schokolade (oder Kuvertüre) indirekt im Wasserbad (siehe Seite 58). Schütte unterdessen bunte Zuckerstreusel in einen tiefen Teller. Tauche den Rand des Glases kurz 0,5 cm tief in die geschmolzene Schokolade und anschließend direkt in den Teller mit Streuseln. Abkühlen lassen. Erst jetzt befüllen.

Der Streuselrand macht sich auch gut an Nachtisch-Schüsseln. Mmh, Pudding!

Chipsrolle als Keksdose 51

Mit Geschenkpapier beklebt, ist das eine klasse Verpackung für ein Keksgeschenk. Lässt sich auch gut verschicken!

Eine tolle Füllung sind die Cookies von Seite 303.

Ruck-Zuck-Keksdose: Chipsdose auswaschen und abtrocknen, dann mit selbstgebackenen Cookies füllen, mit dem Deckel verschließen. Frischegarantie!

Flink: Schokofrüchte im Kühlschrank härten lassen.

Vielfalt: Funktioniert mit allen stückchenfreien Schokosorten (z.B. Mokka).

52 SCHOKO-FRÜCHTE

Die Balance zwischen Gesundem und purer Sünde: Obst durch geschmolzene Schokolade ziehen und auf Backpapier erkalten lassen. Wenn du wenig Zeit hast, nimmst du Fertigglasur für die Mikrowelle statt Kuvertüre oder Tafelschokolade.

53 Weihnachts-Popcorn

Futter für den Weihnachts-Schmachtfilm: Das (süße oder ungesüßte) Popcorn in eine Schüssel geben und mit geschmolzener weißer Schokolade übergießen. Auf Backpapier ausbreiten und Zuckerperlen und Marshmallows (oder Mini-Gummibärchen) darüber streuen. Im Kühlschrank vor dem Servieren abkühlen lassen.

Popcornmais ohne Fett in einen Topf mit Deckel geben und erhitzen. Bald hörst du das Poppen. Topf schütteln, öffnen, Popcorn würzen (Zucker oder Zimtzucker dazu).

54 Schokolöffel

Ob für heiße Schokolade oder als Lutscher-Ersatz, der Schokolöffel liegt voll im Trend. Muttis alter großer Silberlöffel bietet genug Fläche für allerlei Leckerei. Dazu geschmolzene dunkle Schokolade auf den Löffel gießen, mit Zuckerperlen (alternativ Kekskrümel-Crunch oder Gummibärchen) bestreuen und im Kühlschrank hart werden lassen.

In klare Folie verpackt eignen sich die Schokolöffel auch ideal als Mini-Geschenk.

So kannst du Lebkuchen ohne Schokoladenguss verwenden: Das Aufkleben der Schokolinsen geht auch mit Zuckerguss (siehe Seite 302).

55 Lebkuchen-Rentier

Einen Lebkuchen mit Zartbitterkuvertüre überziehen. In die noch feuchte Schokolade Schokolinsen als Nase und Augen setzen und aus Salzstangen ein Geweih formen. Die Geweihteile kannst du mit Schokolade zusammenkleben.

56 Eisbären-Spuren

Cookie-Teig (siehe Seite 303) anfertigen und zu Kugeln formen. Die Kugeln plattdrücken und mit einer braunen Schokolinse und 3–4 backfesten Schokotropfen zu einer Tatze dekorieren. Wer größere Dimensionen mag, kann (ausgepackte) Schokomünzen und braune Schokolinsen verwenden.

Kein Ei im Haus? Für süßes Gebäck kannst du statt Eiern auch zerdrückte Banane in den Teig geben. Eine halbe zerdrückte Banane entspricht einem Ei. Alternativ nimmst du 80 g Apfelmus für ein Ei.

GEBRANNTE MANDELN 57

200 g Mandeln mit 50 ml Wasser, 80 g Zucker, 1 Päckchen Vanillinzucker und einem halben Löffel Zimt in eine beschichtete, heiße Pfanne geben. Die ganze Zeit stetig rühren (erst verkocht das Wasser und alles wird krümelig, weil der Zucker kristallisiert), bis der Zucker Fäden zieht und karamellisiert. Alles auf ein mit Butter bestrichenes Backpapier schütten. Achte darauf, dass die Weihnachtsmarkt-Mandeln zum Trocknen einzeln liegen.

Angst um die Pfanne? Einfach mit Wasser füllen und noch mal aufkochen lassen. So lassen sich Zuckerkrusten easy entfernen.

Teigrezepte findest du auf den Seiten 303 und 304. Du kannst sowohl Butter- als auch Mandelplätzchenteig für diesen Hack verwenden.

58 Motivkekse

1 Ein Drittel des Teiges mit einer halben Tube Lebensmittelfarbe in Rot verkneten.
2 Ausrollen und kleine Herzen ausstechen. Die Herzen für eine Stunde in den Kühlschrank legen.
3 Danach die Herzen mit Eigelb bestreichen und übereinanderstapeln. Den Herzstapel für eine Stunde ins Gefrierfach legen.
4 Aus dem restlichen hellen Teig kleine Rollen formen und damit den Herzturm ummanteln. Durch Rollbewegung zu einer Rolle formen. Eine Stunde in den Kühlschrank legen.
5 Mit einem scharfen Messer 10–15 Plätzchen von der Rolle abschneiden und bei 180 °C im vorgeheizten Backofen 15 Minuten backen.

2

Die Plätzchenrolle kannst du in zwei Klarsichtbeutel gewickelt roh einfrieren. Vor dem Backen einfach vier Stunden im Kühlschrank tauen lassen.

3

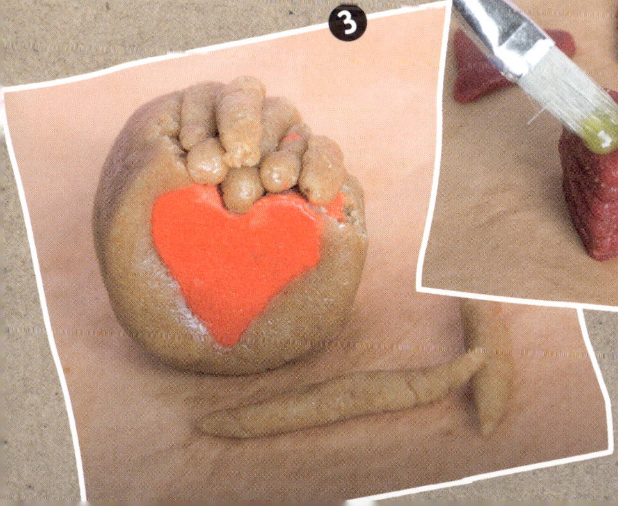

4

Ergänzungen:

Aha!

Echte Vanilleschoten sind teuer (das sind nämlich die fermentierten Samenkapseln von Orchideen), schmecken aber deutlich besser als Aroma. Die ausgekratzte Schote nicht wegwerfen! Für selbst gemachten Vanillezucker einfach in ein Glas mit Zucker geben und ein bis zwei Wochen geschlossen ziehen lassen. Oder die Schote in ein Fläschchen mit Wodka legen, um eigenes Vanillearoma herzustellen.

Glühwein
& Co

Stich aus
Marshmallows
Herzen oder
Schneeflocken
für deine heiße
Schoki aus.

Klirrende Kälte – das verlangt nach einem heißen Getränk! In diesem Kapitel erfährst du alles über weißen, roten und alkoholfreien Glühwein, über blitzschnelle Liköre und verblüffende Dekorationen für dein Weihnachtsgetränk. Du möchtest mit Eisbonbons oder deinen Lieblingskeksen einen besonderen Likör herstellen oder eine Einzelportion Glühwein blitzschnell erwärmen? Mit diesen Trick 17-Hacks kein Problem!

59 Gewürzbeutel

Dieser Beutel schwimmt oben! Teebeutel mit Gewürzen füllen und den Beutel mit einer Klammer verschließen. Danach einen Korken an den Beutel binden – und einen frischen Gewürztee servieren.

Der perfekte Gewürztee: 1 g Zimt, 1 Messerspitze Kardamom und 2 g Kakaoschalen.

60 STERNENGLANZ IM GLAS

Einfach nur Glühwein servieren war gestern! Mit einer schicken kleinen Ausstechform kann man schöne Elemente aus einem in Scheiben geschnittenen Apfel ausstechen und so den Glühwein (oder Apfelpunsch) in einen echten Hingucker verwandeln.

Kindervariante: Anstelle von Glühwein schmeckt auch heißer Johannisbeersaft mit Zitronensaft gemischt sehr lecker.

61 Hübsch gekringelt!

Apfel-Heißgetränke mit Apfelspiralen dekorieren: Mit dem Küchenmesser oder einem Zestenreißer einen Apfel abschälen. Die Schalenspirale kann direkt ins Glas oder du hängst die Apfelspirale an einer Zimtstange auf, die du dekorativ quer über das Glas legst. Mit Apfelpunsch aufgießen.

Singleportion: 1 Tasse Apfelsaft mit einer Zimtstange und einem Teelöffel für 1-2 Minuten bei ca. 900 Watt in die Mikrowelle stellen. Der Löffel sorgt dafür, dass der Punsch schnell heiß wird.

Ein alkoholisches Apfelpunschrezept findest du auf Seite 304.

Tassen vorwärmen für längeren Glühweingenuss: Zur Hälfte mit Wasser gefüllt für zwei Minuten in die Mikrowelle. Wasser ausgießen. Heiße Tasse!

62

Riesling mit Schuss

Schneller heller Glühwein, der gut durchwärmt: Mische eine Flasche Riesling mit einer Tasse Schwarztee, einer halben Tasse Rum, 60 g Rohrzucker und dem Saft einer Zitrone. Erhitze alles, aber koche es nicht! Mit Zitronenzesten dekorieren.

BEMALTER WÜRFELZUCKER 63

Süße Liebesgrüße: Male mit einem dünnen Pinsel und roter Lebensmittelfarbe kleine Herzen auf Würfelzucker. Das Ganze dann 10 Minuten trocknen lassen, bevor du den Zucker zu Kaffee- oder Tee servierst.

Achtung! Das Getränk verfärbt sich vom Liebeszucker.

Glühweinsüße

64

Lecker in Glühwein oder auf dem Joghurt: Von einer Bio-Orange die Schale abreiben und für ein paar Stunden trocknen lassen. 100 g Zucker mit einer geriebenen Zimtstange und einem halben Teelöffel Kardamom mischen. Abschließend die getrocknete Orangenschale unter den Zucker mischen.

Macht sich auch prima oben auf dem Milchschaum von Cappuccino und Latte Macchiato – mhm, Weihnachtskaffee!

Lieblingskakao 65

Marshmallow + kleiner Herzausstecher = Liebesbotschaft! Stich ein Herz aus einem Marshmallow aus und leg es erst kurz vor dem Servieren auf den heißen Kakao.

Das Ausstechen funktioniert besser, wenn du den Marshmallow (Rezept siehe Seite 304) vorher einige Stunden in den Kühlschrank legst oder einen Tag vorher aus der Packung nimmst, damit er ein bisschen fester ist.

66 GLETSCHERLIKÖR

Eine Tüte Eisbonbons in eine Wodkaflasche füllen, einen Tag warten, Flasche gut schütteln (alle Bonbons sollten sich aufgelöst haben). Blauen Superlikör verschenken!

Das funktioniert auch mit Zitronenbonbons (z. B. Nimm 2®)!

67 KAKAO FÜR MR. FROST

Für den Schneemann einfach zwei Marshmallows mithilfe eines Zahnstochers zusammenstecken und ein Gesicht mit einem Lebensmittelstift aufmalen. Eine Erdbeer-Gummischnur dient als Schal und Mikado®- oder Salzstangenstückchen als Arme.

Du kannst Marshmallows auch selber machen (siehe Seite 304).

Verwende Sahnesteif: Die Sahne auf deinem Cappuccino oder Kakao sollte steif und frisch sein, sonst geht der lustige Schneemann allzu schnell unter.

Heiße Schoki-Löffel 68

Schokolade schmelzen und in eine Silikon-Muffinbackform gießen. Die Schokolade kurz antrocknen lassen, dann in jede der Formen einen Teelöffel stecken (besonderer Kick: eine winzige Prise Salz dazu!). Sobald die Löffel von allein stehen, das Ganze im Kühlschrank hart werden lassen.

Alternativ die Schoki in (Plastik-) Schnapsgläser einfüllen und eine Zuckerstange als Stiel hineinstecken. Nach dem Erkalten das Plastikglas entfernen.

69 Schwimmendes Rentier

Nimm dir einen großen Marshmallow und verziere ihn mit Augen und Nase aus Nelken. Als Geweih steckst du ein wenig Reisig hinein und schon kann dein Rentier losschwimmen. Lustig in allen kalten Getränken!

Du kannst als Geweih auch Küchenkräuter (Thymian oder Rosmarin) verwenden.

Santas Becher

70

Party-Equipment im Christmas-Look: Rote Pappbecher verzierst du mit einem schwarzen oder goldenen Papierstreifen, dessen Länge dem Umfang des Bechers entspricht. Den Papierstreifen durch die Lasche einer Getränkedose ziehen und das Ganze mit doppelseitigem Klebeband am Becher befestigen. Darüber mit einem Perlen-Pen noch drei Knöpfe aufmalen.

Isolieren? Stülpe zwei Pappbecher übereinander, dann kannst du auch heiße Getränke daraus trinken!

Lieblingskeks-likör

71

Blitzschnelles Geschenk: 12 Oreo®-Kekse mit dem Mixer zu Pulver zermahlen. Anschließend 1 EL Vanillinzucker und 2 EL Wasser bei niedriger Temperatur erhitzen, bis sich der Zucker gelöst hat. Nun 200 ml Sahne angießen, das Kekspulver hineingeben und verrühren. Köcheln lassen bis die Masse etwas cremig wird. 200 ml Milch und 150 ml Rum unterrühren. Abkühlen lassen und in eine 750 ml-Flasche abfüllen.

Im Kühlschrank aufbewahren.

Klasse pur, auf Vanilleeis, Schokopudding oder im Kaffee!

Mitgebracht 72

Heißer Kakao für kalte Tage: Fülle ein kleines Gewürzglas zu zwei Dritteln mit Trinkschokoladepulver und das restliche Drittel mit Marshmallows und Schokosplittern. Deckel drauf, Schleife drum und ein 0,2 l-Likörfläschchen (Kaffee- oder Karamell-Likör) dranbinden. Fertig!

Du kannst auch etwas von dem Keks-Likör (siehe Seite 98 in kleine Fläschchen abfüllen – der passt prima dazu.

Notizen ...

Aha!

Wusstest du, dass der Punsch in Indien erfunden wurde? Englische Seefahrer brachten ihn mit nach Hause und er erfreute sich im 17. und 18. Jahrhundert in ganz Europa großer Beliebtheit. Der Name stammt übrigens von dem Hindi-Wort 'panc' (pantsch) ab, was 'fünf' bedeutet. Ursprünglich waren es nämlich fünf Zutaten, die in einen 'Punch' gehörten: Arrak, Zucker, Zitronen, Tee, Gewürze. Heute wird der Arrak oft durch Rum ersetzt.

Aha!

Glühwein für Klugscheißer: Das weihnachtliche Heißgetränk gab's schon in der Antike: Damals tranken Römer mit Honig gekochten und mit Pfeffer, Safran und vielen regionalen Gewürzen abgeschmeckten Wein. Heute schmeckt Glühwein eher süß als scharf. Zimt, Gewürznelken, Zitronenschale und Sternanis verleihen ihm sein weihnachtliches Aroma. Glühwein, wie er auf den Weihnachtsmärkten getrunken wird, gibt es seit 1956, als der Winzer Rudolf Kunzmann erstmals mit Zucker und Gewürzen versetzten Wein in Flaschen abfüllte und verkaufte.

Festtagsschmaus & Tischdeko

Aus einer Cocktail-tomate und einer Mini-Mozzarella-kugel kannst du einen fixen Wichtel machen.

Nie essen wir so viel wie in der Adventszeit. Damit auch wilde WG- und kleine Singleküchen mit großen Weihnachtsbuffets auftrumpfen können, findest du hier tolle kulinarische Hacks. Gurken-Tanne, Tomaten-Wichtel, Mozzarella-Schneemann, Früchte-Baum … es gibt nichts, was es nicht gibt. Und mit keinem dieser Tricks rechnen deine Gäste! Hier kommt das 1x1 des „How to be a bezaubernder Gastgeber" :-) Vorhang auf!

73 Obstsalat „Tannengrün“

1 Obstsalat in Tannenform: Kiwis schälen, in Scheiben schneiden und auf dem Teller in Tannenform anordnen.

2 Himbeeren waschen und gleichmäßig darauf verteilen. Kiwischalen als Baumstamm arrangieren.

3 Karambole in Scheiben schneiden und ebenfalls dekorativ verteilen. Zum Schluss mit Physalis, Schokolinsen oder Heidelbeeren dekorieren. Fröhliche Weihnachten!

Schäle (weiche) Kiwis mit einem Sparschäler. Perfekte Scheiben bekommst du mit einem Eierschneider.

Wer es knusprig mag, kann auch einen Braten mit Schwarte kaufen und diese während der Backzeit alle 30 Minuten mit Honig einpinseln.

Easy Weihnachts-schwein 74

Mageres Schweinebratenstück kaufen, waschen und in gleichmäßigen Abständen Schlitze einschneiden. Dort Apfelscheiben einstecken. Rundherum mit Salz, Zimt und Koriander würzen. Schweinebraten in eine gefettete Schmorpfanne legen und mit Möhren, Backpflaumen und Zwiebeln garnieren. 100 ml Sherry-Essig angießen. Zwei Stunden bei 160 °C im offenen Bräter backen. Ab und zu etwas Flüssigkeit nachgießen (Cidre, Brühe oder Wasser). Vor dem Servieren mit Salz und Pfeffer abschmecken.

Eiswürfel 75 als Entfetter

Eiswürfel in Küchenkrepp einschlagen und zu einem kleine Säckchen drehen. Säckchen in die Suppe bzw. Soße halten: Es zieht die Fettaugen an!

Wem mit scharfem Gewürz mal die Hand ausgerutscht ist, der kann etwas Öl zugießen, weil sich die Schärfe an das Fett bindet. Alternativ hilft eine geriebene Kartoffel in der Soße.

5-SEKUNDEN MAJO 76

Wenn's mal schnell gehen muss: 1 Ei, 1 Teelöffel Senf, 1 Prise Salz, den Saft einer halben Zitrone und 200 ml Rapsöl mit einem Handrührgerät von unten nach oben ein paar Sekunden zu einer Mayonnaise vermixen. Fertig!

Im Kühlschrank aufbewahren!

Du hast kein Obst da? Orangenlimonade geht genauso gut: Hühnerpo über eine geöffnete Orangenlimodose stülpen. Ebenfalls in eine Auflaufform stellen – das Huhn backt senkrecht.

Der große Braten 77

Ein edles Weihnachtshuhn (geht auch mit einer Ente) ist ganz einfach, denn du musst es nicht entbeinen: Innereiensäckchen entnehmen, ganzes Tier abwaschen, außen und innen salzen und pfeffern und mit etwas Rosmarinpulver einreiben. Eine ganze Zitrone (oder Orange) waschen und die Schale einstechen. Die Frucht wird nicht mitgegessen, gibt dem Fleisch aber viel Aroma und Feuchtigkeit. Ab damit in den Hühnerleib. Lege das Tier zum Garen in eine Auflaufform. Bei 160 °C für 80 Minuten in den Backofen (Ober-/Unterhitze). Mhm!

Verwende frische Kartoffeln ohne Keimstellen (denn da bleibt die Schale natürlich hängen).

78 Kartoffelsalat-Revolution

So schnell hast du noch nie Kartoffeln geschält!

1 Kartoffeln einmal mittig einschlitzen, nicht zu tief, und anschließend kochen.

2 Nach der Garzeit die Kartoffel in einer Schüssel mit sehr kaltem Wasser abschrecken.

3 Kartoffel in beide Hände nehmen und die Haut links und rechts von der Mitte (Schlitz) wegziehen.

Eiswürfel helfen enorm!

79 MOZZARELLA-SCHNEEMANN

Warum Schneemänner eigentlich immer nur draußen bauen? Zwei Mozzarella-Kugeln großzügig in Knoblauchflocken oder Kokosraspeln rollen und übereinander auf einen Zahnstocher stecken. Aus Wacholderbeeren (oder Pfefferkörnern) und einem Möhrenstück Gesicht und Knöpfe gestalten.

Beim Weihnachtsbuffet servieren!

Du kannst mit einem scharfen Messer auch Muster in die Möhrenkerze schnitzen.

80

Möhrenkerze

Schäle eine Möhre und schneide das Grün gerade ab, sodass sie frei stehen kann. Ein Lichtlein aus Zahnstocher und Karton basteln und in die Möhre stecken. Die Kerze mit ausgestochenen Gurkensternen und Cocktailtomaten verzieren.

81 Gemüse-weihnacht

1 Lustiger Tomaten-Wichtel: Nimm eine Tomate und schneide sie im oberen Drittel bis fast zum Rand ein. Das Innere entfernen und eine kleine Mozzarella-Kugel einsetzen. Als Augen Nelken und als Nase eine Wacholderbeere einsetzen.

2 Gurken-Tanne: Von einer Gurke längs eine hauchdünne Scheibe abschneiden (mit dem Sparschäler) und spiralförmig auf einen Zahnstocher aufsetzen. Unten noch ein Stück Brot aufspießen.

3 Gemüsespieß: Aus rohem Gemüse wie Karotten oder Gurken (oder aus Obst wie Äpfeln und Melone) mit einem Keksausstecher kleine Förmchen ausstechen und auf einen Schaschlikspieß stecken.

Als Ratz-Fatz-Dipp für das weihnachtliche Gemüse eignet sich Mascarpone oder Kräuterfrischkäse.

Frische Maronen erkennt man daran, dass sie schwer sind und die Schale auf Druck nicht nachgibt.

Luxusvariante: Lege Rosmarinzweige zwischen die Maronen. Bei 200 °C im vorgeheizten Backofen backen. Nach 10 Minuten das Blech kurz aus dem Ofen ziehen und die Maronen mit flüssiger Butter übergießen und mit Meersalz bestreuen. Anschließend weitere 20 Minuten im Ofen rösten, bis alle Maronen aufgeplatzt sind.

82 Massenhaft Maronen

Die Maronen kreuzweise über die gesamte gewölbte Seite einschlitzen. In der Pfanne ohne Fett (große Mengen auf einem Backblech bei 200 °C im Ofen) erhitzen, bis sich die Schale anhebt.

BAUMBROT 83

Fertigbrötchenteig öffnen (alternativ Focaccia-Rezept Seite 302), ein Blech einfetten und den Teig in Baumform darauflegen. Anschließend den Baum mit Streukäse belegen und mit Minitomaten (als Kugeln) oder Oliven (aneinandergereiht als Girlande) dekorieren. Aus Paprika Sterne ausstechen. Nach dem Ausbacken (Packungsangabe beachten) kannst du den Baum zum Servieren noch mit frischen Kräutern, wie Basilikum und Petersilie oder mit Balsamico-Creme verzieren.

Geht auch mit süßem Hefeteig: Belege deinen Naschbaum mit Rosinen, Nüssen und Äpfeln.

In der kalten Jahreszeit hilft unauffällig ein Tee aus frischer Minze!

84 Appetitzügler

Wer seinen Appetit zügeln möchte, der sollte Pfefferminzbonbons oder -kaugummis bei sich tragen. Das intensive Aroma lässt die Geschmacks- und Geruchsknospen in Mund und Nase verzagen und der Heißhunger ist ausgetrickst!

DIÄT-TELLER 85

Wenn du der Weihnachtsschlemmerei Einhalt gebieten willst, isst du am besten von einem roten Teller. Die Farbe Rot zügelt unseren Appetit. Die Wirkung wird noch verstärkt, wenn der Teller klein ist.

Kurios: Dies gilt allerdings nicht, wenn die Speise dieselbe Farbe hat – (z. B. Spaghetti mit Tomatensoße) dann fallen die Portionen eher größer aus als auf einem normalen Teller in Weiß.

86 SPEKULATIUS-HOCHGENUSS

Pro Person 150 g Vanille- oder Sahneeis im Kühlschrank zwei Stunden antauen lassen. Fünf Spekulatiuskekse zerbröseln und unterrühren. Optional einen Teelöffel Zimt und einen Esslöffel Schokoraspeln unterrühren. Das Eis nun wieder für 2 Stunden ins Gefrierfach legen und mit Schoko- oder Fruchtsoße garniert servieren. Möglichst in den nächsten 1–2 Tagen verzehren.

Spekulatiusbrösel: Kekse in Klarsichtbeutel, Beutel verschließen, mit dem Nudelholz drüberwellen.

GLÜHWEIN 87 AM STIEL

„Kühlwein" gefällig? Eine (kalte) Flasche Glühwein mit einer halben Tasse Zucker vermischt in Wassereisförmchen füllen. Nach kurzer Kühlzeit, wenn der Glühwein schon etwas fest ist, die Eisstäbchen hineinstecken und durchkühlen lassen.

Zucker- und alkoholfreie Alternative: Traubensaft-Zimt-Eis.

Geht auch in Eiswürfelformen – mit Zimtstange als Eisstiel.

88 Klassische Glühbirne

Ein optisch eindrucksvolles Dessert sind „Glühbirnen". Dazu vier Birnen schälen (den Stiel dranlassen). Die Birnen in 750 ml Glühwein legen und 30 Minuten köcheln lassen. Die Birnen dabei wenden, damit sie sich gleichmäßig einfärben. Anschließend die Birnen entnehmen, 3 Esslöffel Speisestärke in den Glühwein sieben und kurz noch einmal aufkochen lassen. Die Birnen mit der angedickten Glühwein-Soße servieren.

Die Soße wird der Knaller, wenn du einen Schuss Orangenlikör hinzugibst.

EISBÄRENEIS 89

Stecke unterschiedlich große Marshmallows mithilfe von Zahnstochern zu einem Bärenkopf zusammen. Mit brauner Zuckerschrift malst du ein Gesicht auf. Zerteilte und auf Zahnstocher aufgespießte Marshmallows ergeben Bärenarme bzw. -beine. Setze den Bären auf einen Eisberg (Vanille- oder Sahneeis) im großen Meer (Beerensoße).

Gelbe Marshmallows und Mangoeis funktionieren ebenso gut wie rosa Schaumgummis zu Erdbeereis.

ROMANTISCH! 90

Engel, Eisbär oder Schäfchen hinstellen, (Wein-)Glas drüber stülpen und weihnachtliche Streudeko (alternativ Zucker oder gehackte Pistazien) rundherum arrangieren. Auf den Boden des Glases eine farblich passende Stumpenkerze stellen und fertig ist die perfekte Deko für deinen Tisch.

Flohmarktgläser kannst du mit Sprühkleber und Glitzer im Glasboden aufpeppen.

Tischkarten-halter 91

Binde zwei kleine Zuckerstangen mithilfe eines Haushaltsgummis Rücken an Rücken zu einem Tischkartenhalter zusammen. Beschrifte ein kleines Kärtchen mit dem Namen deines Gastes und stelle es in den Tischkartenhalter.

Eine Bastelvorlage für das Tischkärtchen findest du auf Seite 315.

92 Servietten-Tanne

So kannst du eine Servietten-Tanne falten:

1 Die Serviette mit der Spitze nach unten und den offenen Seiten rechts und links legen.

2 Nun alle Spitzen der offenen unteren Spitze nach oben falten.

3 Die Serviette wenden und die rechte und die linke Seite zur Mitte falten.

4 Die Serviette abermals wenden, um 180 °C drehen und anschließend die Spitzen nach oben falten.

5 Die Baumspitze durch Umklappen der überstehenden Seiten ausformen.

Besonders gut wirken Tannen-Servietten in Grüntönen.

93 Baumkugel-Tischdeko

Kleine Weihnachtsbaumkugeln (Durchmesser 2,5 cm) eignen sich für eine fixe Tischdeko. Dazu die Kugeln mit starkem Kleber an Äste kleben und trocknen lassen. Jeweils 15 cm Draht um einen Stift drehen, danach flach drücken und in die Kugel stecken. Ein kleines Namenskärtchen mithilfe von doppelseitigem Klebeband an den Draht kleben (oder einklemmen).

Du kannst aber auch direkt mit einem Lackmalstift auf eine Christbaumkugel schreiben. So hast du Tischkarte und Deko in Einem.

TISCHDEKORATION MIT ZWEIGEN 94

Kleine Bäume als Tischdeko: Einige Tannenzweige mithilfe eines dünnen Drahtes an einem Ende zusammenbinden. Unten ein wenig auffächern, sodass das Grün standfest ist. Mithilfe des Drahtes oben zwei kleine Weihnachtskugeln (Durchmesser 2,5 cm) anbringen und abschließend einen kleinen Zapfen als Baumspitze andrahten.

Instabil? Zur Sicherheit stülpst du das Bäumchen über ein schweres Glas

Für Naschkatzen können Knöpfe und Augen auch aus Lakritz gelegt werden.

Eine Bastelvorlage für die Augen aus Tonkarton findest du auf Seite 313.

95

Motivteller

Für die Tischdekoration in Schneemannoptik einfach pro Gast zwei weiße Teller (Hauptgang und Salat/Nachtisch) aneinander stellen und zwei Wackelaugen, eine Kunstmöhre (oder einen Räucherkegel) als Nase und fünf aus Papier gerissene Kreise als Mund auf den oberen Teller legen. Auf dem unteren Teller drei weitere Papierkreise als Knöpfe drapieren.

Notizen ...

Geschenke & Verpackungen

Klebe, statt Geschenk-
anhänger mit
Namen, alte
Kinderfotos auf
die Päckchen.

Klar hast du ein Geschenk für deinen besten Freund! Aber wo ist nur das Geschenkpapier? Damit du auch ohne Glitzerfolie, Schleifenband und Geschenkanhänger festlich einpacken kannst, haben wir dir ein ganzes Kapitel voller Hacks dazu zusammengestellt: Wolle statt Kräuselband, Klorolle statt Schmuckpapier... wie das geht, siehst du hier.

96 Ananas-Sekt

Diese Flasche lässt sich super solo verschenken – oder als lustiges Highlight in einem Obstkorb.

1 Kaufe vier Packungen Ferrero Rocher®: Entferne das Logo jeder Praline und klebe auf die Rückseite jeder Kugel ein Stück doppelseitges Klebeband.

2 Den Hals der Sektflasche verkleidest du mit grünem Tape. Schneide aus grünem Bananenpapier ein paar Blätter zu und klebe sie mit doppelseitigem Klebeband an den Flaschenhals.

3 Klebe die Ferrero Rochers® von unten beginnend auf die Flasche.

4 Die unteren Enden der Ananasblätter mit einer Reihe Goldkugeln verkleben und um den Hals eine Zackenlitze in Gelb binden.

97 KLOROLLEN-VERPACKUNG

Schnelle Box für Kleinigkeiten: Drücke die Enden einer Klopapierrolle nach innen. Befülle die Rolle mit dem Geschenk und verschließe sie, indem du an jeder Seite die Außenkanten übereinanderlegst.

Erinnerungs-Anhänger 98

Gesprächsanregende Geschenkanhänger bekommst du, wenn du die Geschenke statt wie sonst üblich mit Namen mit Fotos versiehst. Besonderen Spaß macht es, wenn die Bilder älter oder uralt sind – und jeder raten muss, wer denn da auf dem Foto zu sehen ist.

Omas uralte Fotos sind vielleicht zum Basteln zu kostbar – kopiere sie, statt sie zu zerschneiden!

Magazin-Schleife

99

Verwende entweder nur Seiten mit Fotos oder nur Seiten, die komplett mit Text bedruckt sind. Mischungen sehen seltsam aus.

1 Schneide aus einer Magazinseite neun Streifen zu (3 Streifen: 1,5 cm x 19 cm, 3 Streifen: 1,5 cm x 16 cm, 2 Streifen: 1,5 cm x 14 cm, 1 Streifen: 1,5 cm x 10 cm).

2 Lege nun alle Streifen (außer dem kürzesten) zu einer Schleife und fixiere sie mit Klebeband.

3 Klebe nun die drei großen Schleifen mithilfe von doppelseitigem Klebeband zu einer Blume übereinander.

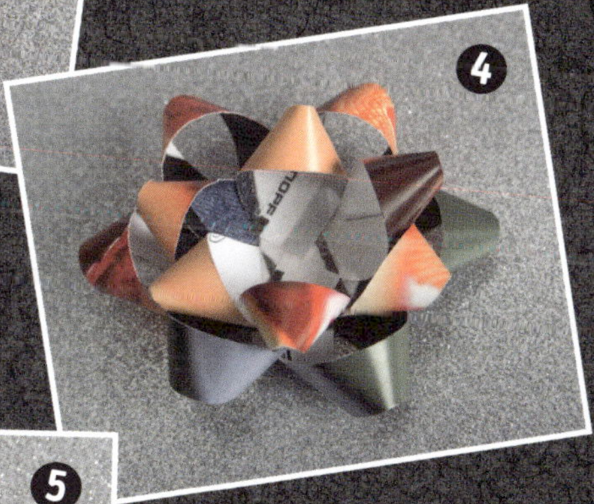

4 Danach die mittlere Länge darüber kleben.

5 Die beiden kleinen Streifen aufkleben und abschließend den kürzesten Streifen aufrollen und ins Zentrum der Rosette kleben.

100

Fließband-produktion

Du kannst eine große Anzahl Weihnachtskarten schnell und günstig selbst herstellen, indem du Formen (Herzen, Sterne, Tannen) aus Moosgummi ausschneidest und auf eine Fusselrolle klebst. Nun die Rolle mit (Acryl-)Farbe bestreichen und auf einem Stück Papier oder Tonkarton abrollen. Karten zuschneiden und fertig beschriften.

Statt einer Fusselrolle funktioniert auch ein ausrangiertes Nudelholz prima.

Zwischen Farbwechseln kurz die Ausstecher mit Küchenkrepp abreiben.

101

GESTEMPELTES PAPIER

Wenn das Geschenkpapier in diesem Jahr was Besonderes sein soll, kannst du einfach mit Keksausstechern und Acrylfarbe auf Packpapier stempeln. Gut trocknen lassen und dann damit die Geschenke einpacken.

Grüße vom Weihnachtsmann 102

Die Anhänger aus rotem Tonkarton ausschneiden und oben mit einem Bürolocher oder einer Lochzange einstanzen. Danach den Verschluss einer Dose nehmen und ein schwarzes Papierband hindurchziehen. Diesen Gürtel mithilfe von doppelseitigem Klebeband auf den Geschenkanhänger kleben. Mit Perlen Pen oder schwarzem Marker drei Mantelknöpfe aufmalen. Trocknen lassen.

Eine Bastelvorlage für das Etikett findest du auf Seite 311.

Super Socke

103

Verpacke eine (nicht so originelle) Weinflasche ungewöhnlich, indem du sie in einen (neuen) Kniestrumpf steckst und oben mit dem zweiten Strumpf eine Schleife machst. Schon hast du zwei Geschenke in einem!

Herrensocken können ebenfalls groß genug sein, normale Damenstrümpfe genügen nicht.

Winterlook: **Weißes Garn** und kurzgeschnittene, aufgedröselte **Wollgarnenden.**

104 Tolle Wolle

Geschenkband kräuseln war gestern. Packe dein Geschenk am besten in einfarbiges Geschenkpapier (Packpapier) und umwickle das Ganze mit hübschen Wollgarnresten, die du an den Enden verknotest (oder zu Schleifchen bindest). Damit kannst du deinen eigenen Stil kreieren: mehrlagig gewickelt, verwebt oder mit Farbverlauf.

105 BECHERBOX

Pappbecher sind super Geschenkverpackungen für kleinteilige Präsente. Mit einem wasserfesten Filzstift kannst du die Becher bemalen. Mit einer Schere schneidest du dir einen Kreis mit Lasche aus (wie beim Joghurt), der den Becher gut abdeckt. Geschenk rein und anschließend bestreichst du die Kante vom Becher dünn mit Klebstoff und klebst die Lasche drauf. Trocknen lassen – fertig!

Zwei Becher mit den Öffnungen aufeinandergestellt ergeben eine Matroschkaform!

Klebt nicht? Becherkante mit Nagelfeile aufrauen!

106 HÜBSCHE HAUSHALTSGUMMIS

Merry X-mas! Herumliegende Haushaltsgummis bekommen einen neuen Charme, wenn du deine Geschenke mit ihnen statt mit Schleifenband verpackst. Hält bombenfest und sieht auch noch sehr hübsch aus!

Die Masse macht's!

Bauмarktgrüße

107

Farbmusterkarten aus dem Baumarkt eignen sich prima fürs Weihnachtskartenbasteln. A4-Tonpapier in Kartenform mittig zusammenklappen. Farbmusterkarte in Baumform zuschneiden (und ggf. mit dem Bürolocher auch noch kleine Kreise in einer Kontrastfarbe als Kugeln ausstanzen). Alles aufkleben und mit einem Stift einen Weihnachtsgruß ergänzen.

Schön sind auch Geschenkanhänger, direkt aus Farbmusterkarten geschnitten.

108 Tolle Tüte!

Wenn du Freunde oder Arbeitskollegen heimlich „bewichteln“ möchtest, schenke ihnen eine gefüllte Butterbrottüte: Das Staunen wird groß sein, wenn statt der erwarteten Butterstulle viele kleine Geschenke herauspurzeln!

Kleine Geschenke wie Anhänger oder Ohrringe in eine Streichholzschachtel legen, bevor sie in die Butterbrottüte wandern.

109 Städte(trip) schenken

Mit einem großen Bonbonglas und vielen Süßigkeiten kreierst du eine Weihnachtsstadt. Marshmallows und Zucker als Boden in das Glas geben, Kekse in Hausform zuschneiden, gestalten und auf den Zuckergrund stecken. Zum besseren Halt z.B. Dominosteine hinter die Häuser setzen. Geleebohnen, Zuckerperlen und Schokodragees runden deine süße Stadt ab.

Verwende das Butterplätzchen-Rezept von Seite 304 oder das für die Mandelkekse von Seite 303.

Du kannst auch gestreifte Bonbons schmelzen (siehe auch Seite 56) und während des Stockens pro Bonbon einen Zahnstocher einlegen, sodass du kleine Zauberbäume erhältst, mit denen du deine Stadtszene dekorieren kannst.

Du kannst sie auch unauffällig wieder zusammenkleben (Sekundenkleber) und den Beschenkten überraschen, wenn du ihn bittest, dir eine Walnuss zu öffnen.

110 ÖKO-VERPACKUNG

Öffne eine Walnuss vorsichtig mit einem Messer, entnehme die Nuss und bemale die Schale von innen mit Goldfarbe. Trocknen lassen und mit Watte und dem Geschenk (Ohrringe, Kettenanhänger, Ring) befüllen. Nun die Nuss wieder verschließen und mit einem Band fixieren.

Schneller Schneemann 111

Den Anhänger aus Glitzerkarton ausschneiden und mithilfe von Sekundenkleber zwei weiße Knöpfe aufkleben. Oben ein Loch stanzen und eine Anhängerschnur befestigen. Den Zylinder vom Schneemann dazumalen. Du kannst auch weitere Bänder als Dekoration auf den Anhänger kleben.

112

Reinlicher Rudolf

Lege dein Geschenk in ein kleines braunes Handtuch. Erst die vordere und die hintere Längsseite über das Geschenk legen, dann die rechte und linke Seite zur Mitte klappen. Mit einem Band verschließen. Klebe nun zwei Wackelaugen auf sowie einen roten Pompon als Nase. Das Geweih formst du aus braunem Chenilledraht.

Diese Verpackung eignet sich vor allem für Wellness-Geschenke wie tolle Duschbäder etc.

Eine Bastelvorlage für Augen aus Tonkarton findest du auf Seite 313.

Orakel-Pralinen 113

Ein schnelles Geschenk erhältst du, indem du eine Packung Pralinen individuell umgestaltest: Kleine Zettel nehmen, als Manschette zuschneiden und jede mit einem kleinen Spruch verzieren („Nimm mich!“, „Frohe Weihnachten!“). Mit Klebestreifen klebst du die Zettel nun um die Pralinen herum fest.

Kleine Botschaften, wie du sie von Glückskeksen kennst, sind besonders lustig!

Heul doch! 114

Was für ein originelles Geld-Geschenk! Die oberen zehn Taschentücher einer Taschentuchbox entnehmen. Arbeite mit Klebestreifen oder Washi Tape: Jeweils einen Geldschein an ein Taschentuch kleben, dann alles zu einer langen Kette verbinden. Alles zurück in die Box stopfen. (Optional: Taschentücherbox mit Farbe, Geschenkpapier und Bändern gestalten.) Schleife drum – fertig!

Statt Geld funktionieren auch liebe Zettelbotschaften.

Gut für Schmachtfilm-Liebhaber!

Einfacher als Scheine sind Münzen, denn du kannst sie mit Washi Tape zu kleinen Türmen kleben.

115 Süße Moneten

Nimm dir eine Pralinenschachtel und iss die Hälfte der Pralinen auf. Fülle nun die leeren Plätze mit Geld auf. Die Scheine kannst du nach dem Falten mit einem Faden fixieren (oder du faltest einen Origami-Kranich). Verschließe nun die Schachtel wieder und verschenke sie.

116 SCHICKER SCHLITTEN

Süßigkeitenschlitten: Eine Schokolade in Glitzerpapier einpacken und große Zuckerstangen als Kufen mit Tape unten ankleben. Nikolaus mit doppelseitigem Klebeband aufkleben. In seinen Süßigkeitensack (Zellophantüte) packst du Leckereien, verschließt ihn mit einem Band und klebst ihn mit doppelseitigem Klebeband auf den Schlitten.

Schnell gemacht & mitgebracht!

Geschenkideen:

Aha!

Du musst keine Socken, Krawatten und Gutscheine verschenken! Im täglich genutzten Orga-Kalender, kann man sich auf der letzten Seite eine Geschenke-Liste anlegen, um das ganze Jahr über „innigste Wünsche“ von zu Beschenkenden zu sammeln. Meistens erzählen nämlich Leute das ganze Jahr über nebenbei beim Kaffeeklatsch, der Shopping-Tour oder auf einem Spaziergang, was sie schön finden, haben oder erleben möchten. Spätestens im Dezember hast du dann eine kunterbunte Auswahl zusammen.

Baum & Baumschmuck

Eine Girlande aus Weihnachtslieder-blättern geht schnell und ist gratis.

Sonntagabend. Spontane Dekolust. Nichts im Haus. Mit Girlanden aus Weihnachtsliederblättern, einem zum Weihnachtsbaum gefalteten Buch und bemalten Nudeln kommst du dennoch auf deine Kosten. Ich hack mir die Welt, wie sie mir gefällt!

117 Fotokugel

Baum mit Persönlichkeit: Aufklappbare Acrylkugel öffnen, eine Kugelhälfte aufs Foto legen und abzeichnen. Ausschneiden. Foto (oder zwei Fotos, Rücken an Rücken geklebt) in die Kugel und wieder zusammenklappen. Schleife zum Aufhängen dran und fertig!

Einteilige Kugel: Aufhänger entfernen, Foto auf Papier ausgedruckt eingerollt durch die Öffnung schieben (entrollt sich im Innern), Aufhänger wieder dran.

Nadelt nicht!

Blitzbaum 118

Nimm acht alte Einweckgläser und ein Holzbrett zur Hand. Die unteren zwei Gläser mit Zapfen befüllen und aufstellen (Stamm). Danach das Holzbrett auflegen. Nun die restlichen sechs Gläser mit bunten Kugeln befüllen und in Baumform auf das Holzbrett stellen.

119 BAUMBUCH

1 Du benötigst ein altes, ungeliebtes Buch mit 150 Seiten (bei dickeren Büchern ein Stück Buch abschneiden). Entferne den Einband mithilfe eines Cutters und schlage die rechte obere Spitze zur Mitte.

2 Die rechte äußere Kante ebenfalls zur Mitte schlagen.

3 Die überstehende Spitze unten am Buchblock andrücken, damit eine Falz entsteht.

4 Diese Ecke nach innen schlagen.

5 Diese Schritte wiederholst du bei allen 150 Seiten. Die letzte und die erste Seite mit Büroklammern verbinden, so kannst du den Baum später wieder zusammenklappen.

6 Fertig ist der Baum. Als Dekoration kannst du noch eine kleine Weihnachtskugel (Durchmesser 2,5 cm) oben aufstecken.

Für bunte Tannenbäumchen einfach dicke Hochglanzmagazine verwenden.

120 Lieder-girlande

Schneide dir mindestens 30 Streifen (2 cm x 16 cm) aus Notenpapier zu. Forme aus einem Streifen einen Kreis und befestige diesen mit durchsichtigem Klebeband. Nun den zweiten Streifen durch den ersten Ring schieben und erst jetzt fixieren. So geht das immer weiter, bis deine Girlande ihre finale Länge erreicht hat.

Prima Bastelmaterial: Weihnachtsliederblätter!

Bücherbaum 121

Sortiere alle Bücher aus deinem Bücherregal nach ihrer Größe. Alle Bücher aufklappen. Damit der Bücherbaum in der Mitte ein wenig angehoben wird, stellst du unter das erste Buch eine kleine Schüssel. Beginnend mit den größten Büchern einen Baum aufschichten. Die letztendliche Höhe hängt von der Anzahl deiner Bücher ab. Den Baum kunstvoll mit Kugeln, Kette und Baumspitze dekorieren und voilà – fertig ist der Bücherbaum!

Du kannst auch versuchen, einen Bücherbaum mit Farbverlauf zu stapeln. Wie wäre es mit einem Regenbogenbaum?

Wenn es noch fixer gehen muss: Schnur durch Ausstecher – fertig!

122 Ruck-Zuck-Anhänger

Lege Keksformen auf Motivpapier. Übertrage die Formen und schneide sie mit einer Schere aus. Nun die Ausstecher an den unteren Rändern mit Klebstoff bestreichen und fest auf die Motivpapierform drücken. Von hinten mit doppelseitigem Klebeband Bänder zum Aufhängen befestigen und mit den lustigen Anhängern den Baum verzieren.

Erdnusskranz

123

Nimm dir 31 Erdnüsse und stich mit einer Stopfnadel mittig in jede Nuss ein Loch. Die Nüsse werden nun auf einen Draht aufgefädelt. Den Nusskranz mit einem Schleifenband aufhängen.

Um den Draht vorab rund zu biegen, kannst du ihn um eine dicke Flasche legen.

TORTENSPITZEN-
124 TANNE

Einen Viertelkreis aus einer kleinen Tortenspitze schneiden, Schnittkante mit Klebestift bestreichen und über den Mittelpunkt zusammendrehen (wie eine Eistüte). Drei Tütchen mit einem Schaschlikspieß zur Tanne aufreihen (vorsichtig durch die Mitte bohren). Wer mag, kann einen Pompon oder eine Wattekugel als Spitze aufkleben. Schön arrangieren lassen sich die Bäumchen auf einem Brennholzscheit (kleine Löcher einbohren, um die Spieße zu fixieren).

Die kleinen Tortenspitzen werden „Doilies" genannt und sind in verschiedenen Farben im Bastelgeschäft erhältlich.

Deko-Alternative: Baumkugeln an eine Schnur knoten und diese mit Reißzwecken am Baum befestigen.

Tape-Tanne

125

Schnelles Wand-Tattoo: Klebe mit Washi Tape eine Baumform an die Wand. Hier kannst du nun eingehende Weihnachtspost anpinnen.

Halte die Augen offen:
Oft gibt es im Supermarkt
auch Elch- oder Baumnudeln.

Edelpasta 126

Schnelle Streudeko? Nimm Pasta! Hübsche Farfalle, engelshaargleiche Spirelli oder Suppennudeln in Sternchenform auf eine Zeitung legen und (draußen!) von beiden Seiten mit Gold-, Silber- oder Kupferfarbe besprühen. Sprühe vorsichtig, denn manche Nudeln sind so leicht, dass sie durch den Sprühstoß wegrutschen. Trocknen lassen.

Wäscheklammer-Stern

Entferne von acht Wäscheklammern die Metallteile. Nun die Wäscheklammern jeweils rücklings aneinanderkleben (mit doppelseitigem Klebeband oder Kraftkleber). Den Wäscheklammerstern auf eine alte Zeitung legen und dann das Zentrum mit Klebstoff füllen und trocknen lassen. Fädle einen Aufhängefaden hindurch.

127

Für noch mehr Weihnachtslook besprühst du den Stern mit Glitzerlack.

TOO HOT! 128

Für diese schicke Deko füllst du Kunstschnee, Salz oder Kokosflocken in eine Acrylkugel. Anschließend gibst du zwei kleine Mini-Äste, zwei Pfefferkörner als Augen, ein Stück Webband als Schal und eine (Zucker-)Möhre hinzu. Wenn du eine lange Pinzette hast, kannst du das Ganze genauer platzieren. Fertig ist der „geschmolzene Schneemann“.

„Möhren“ und alle anderen Schneemannteile kannst du auch aus lufttrocknender Modelliermasse formen.

Angeklammert

129

Aufhänger weg? Kugel defekt? Denkste! Nimm dir einfach eine Büroklammer, deren Bögen du gegeneinander zu einem „S" aufbiegst und hänge sie sowohl am Kugelhalter als auch am Grünzeug ein. Ging schnell, oder?

Büroklammern gibt es in allen Farben – grüne sind auf Tannengrün besonders unauffällig, die Kugeln hängen scheinbar magisch am Baum.

DUFTE! 130

Iss ganz viele Orangen und stich mit einem Mini-Ausstecher aus den Schalen anschließend kleine Sterne oder Herzen aus. Besonders hübsch ist eine Mischung aus Orangen- und Blutorangenschalen. Fädle mithilfe von Nadel und (dekorativem) Faden die kleinen Teile nacheinander auf. An den Enden des Fadens kannst du zum Fixieren Zimtstangen anknoten. Während die Orangenschalen an der Girlande trocknen, verströmen sie einen herrlichen Duft in deiner Wohnung.

Das Ausstechen funktioniert besser von der Innen- zur Außenschale als andersrum.

ES WERDE LICHT!

131

Nimm Malerkrepp oder Washi Tape (beides lässt sich von Tapeten rückstandsfrei entfernen) und klebe damit aus mehreren LED-Lichterketten Stück für Stück eine Tannenform an die Wand (der Stecker hängt dabei im „Stamm" nach unten). Anschließend klebst du noch Baumschmuck dazu (oder steckst ihn mit Stecknadeln fest). Einstecken – tataaa!

Hitzetest durchführen: Konventionelle Lichterketten werden teilweise sehr heiß und können Schmorflecken an der Tapete hinterlassen.

Für haltbare Fußstapfen Schneespray verwenden.

132 Santas Spuren

Umfahre deine Schuhsohle mit Bleistift auf Karton. Ausschneiden und die Fußabdrücke am gewünschten Ort positionieren. Mehl durch ein feines Sieb drübersieben und den Karton wegnehmen.

REIHENFOLGE 133

Wenn du einen Baum schmückst, solltest du bei allen Teilen beherzigen, dass du am einfachsten von oben nach unten arbeitest. So kommst du nicht mit den Lichterketten durcheinander und Deko lässt sich besser gleichmäßig verteilen, weil der Baum oben meistens etwas weniger dicht ist als unten. Lichterketten vor allem anderen anbringen!

Wenn du echte Kerzen statt einer Lichterkette verwendest, sind diese allerdings zuletzt dran!

Teste unbedingt vor dem Schmücken, ob alle Lichterketten auch funktionieren.

134 Variantenreich

Verwende mehrere Lichterketten mit unterschiedlich großen Lämpchen, um deinen Baum effektvoll zu verzieren.

KLOROLLEN-STERN 135

Du schneidest die Klorolle der Länge nach auf und schneidest aus ihr sechs gleich breite Streifen. Diese Streifen klebst du mit doppelseitigem Klebeband jeweils an den offenen Enden zusammen. Nun befestigst du jeweils an den spitzen Enden an den Außenkanten doppelseitiges Klebeband und klebst sie aneinander, bis alle sechs Teile aufgebracht sind. Eine Schnur als Aufhängung am Stern befestigen. Fertig!

136 BÄUMCHEN AUS MUFFIN-MANSCHETTEN

Aus bunten Muffinpapierförmchen kannst du schnell kleine Bäumchen zaubern. Du kannst sie an die Fenster hängen oder auf Geschenke kleben. Streich die Muffinmanschetten glatt aus und falte sie über die Mitte zu Halbkreisen. Diese ebenso noch 1–2 mal über den Mittelpunkt knicken, sodass eine Röckchenform entsteht. Mehrere solcher Teile mit Klebestift aneinander fixiert, ergeben die hübschen Bäumchen.

Mit Klebestreifen hinten angeklebte Cake-Pop-Stiele machen daraus stehende Bäumchen, die du auch hübsch als Fensterkasten- oder Kuchendeko verwenden kannst.

137 Was guckst du?

Wenn die Zeit zum Dekorieren des Baumes nicht reicht, kannst du ihn einfach mit zwei großen Wackelaugen bestücken und ihm so ein bisschen Leben einhauchen.

Eine Bastelvorlage für Augen aus Tonkarton findest du auf Seite 313.

Die geprägten Sterne eignen sich gut als Tischdekoration oder als Geschenkanhänger. Du kannst damit auch draußen beispielsweise das Balkongeländer dekorieren, denn sie sind witterungsbeständig.

138

Recycling 2.0

Schneide die Aluhülse eines Teelichtes achtmal ein. Schneide nun die Segmente zu Sternspitzen. Präge mit einem leeren Kugelschreiber oder einer Stopfnadel Muster in den Stern – lege das Alu dazu auf eine alte Zeitung.

Eigene Ideen ...

Spiel & Spaß

Zwei Pappteller an zwei Küchenlöffel kleben, einen Luftballon aufblasen, Weihnachts-Ping Pong spielen.

Das Warten aufs Christkind muss nicht langweilig sein. Schließlich kannst du spontan Ping Pong spielen, bis das Essen fertig ist, ein Schneebälle-Zielpusten veranstalten oder mit der ganzen Verwandtschaft um die Wette Plätzchen essen, ohne die Hände zu benutzen. Und auch die Feiertage bieten Zeit und Raum für verspielte Ideen. Schon mal Schnee selber gemacht?

139 KLOROLLEN-KEGELN

Bemale neun leere Klorollen weiß. Mit einem schwarzen und einem orangefarbenen Stift gestaltest du sie zusätzlich zu hübschen Schneemännern. Stelle sie wie beim Kegeln auf. Mit einem Tennisball oder einem Flummi kannst du nun loskegeln.

Mit mehr Geduld für Malereien und Farbe kannst du dir natürlich auch Weihnachtsmänner oder Rentiere aus den Klorollen gestalten.

Let it snow!

In einer verschließbaren Tüte oder Dose ist der „Schnee" drei Wochen haltbar.

Mach dir deinen Schnee doch einfach selber! 300 g Speisestärke mit 150 ml weißem Rasierschaum in einer Schüssel mischen. (Wer will, kann noch ein bisschen Glitzer hineinstreuen). Der „Schnee" lässt sich formen und ist sogar ein bisschen kühl – er schmilzt nur nicht.

140 Schnee selber machen

Wolle:
hier Schachenmayr
Lenja Soft

141 Schneeball-schlacht!

Du brauchst eine fransige weiße Wolle und etwas Küchenkrepp. Knülle 3–4 Tücher Küchenkrepp zu einer Kugel zusammen. Die umwickelst du nun straff mit der Wolle, bis alles einmal gut bedeckt ist. Die Wollfadenenden verknotest du. Die „Schneebälle“ sind so leicht, dass bei deiner fetzigen Indoor-Schneeballschlacht eigentlich nichts und niemand zu Schaden kommen sollte.

142 Baum-schwamm

Einen neuen Spülschwamm in Tannenform schneiden, anfeuchten, Kressesamen aufstreuen. Schon bald wächst junges Grün auf deinem ganz besonderen Tannenbaum. Mit einem schönen Band aus Zackenlitze verzieren und neben dem Frühstücksei platzieren.

Die Kresse ist natürlich essbar. Zum Gießen sollte der Schwamm auf einem Teller liegen.

143 Um die Wette!

Lege dir ein Plätzchen auf die Stirn und versuche, es ohne Hände, nur mithilfe von Grimassen, zum Mund zu bewegen. Mit Spaßgarantie für die Lachmuskeln!

Diätaspekt: Vermutlich isst man dadurch insgesamt auch weniger von den süßen Keksen, weil es länger dauert als einfach reinzubeißen.

Easy Variante: Versuche, ein bestimmtes, fixes Ziel (Papierkorb) zu treffen.

144

SNOW SHOOTER

Schneide von zwei Pappbechern die Böden heraus (und verziere sie mit einem Schneemanngesicht aus Pappkarton). Die unteren Ränder der Becher beklebst du mit doppelseitigem Klebeband und klebst aufgeschnittene Luftballons daran. Mit Wattebällchen als Schnee-Ersatz könnt ihr nun versuchen, euch gegenseitig in die Snow-Shooter zu treffen, in dem ihr stark an den Luftballons zieht und so die „Schneebälle" fortkatapultiert.

PING PONG

145

Befestige die beiden Teile eines Salatbestecks mit starkem Tape an der Rückseite zweier Pappteller. Blase einen Luftballon auf und los geht's. Als Spielfläche könnt ihr einen Tisch benutzen oder euch einfach nur in der Luft zuspielen.

Weihnachtlich: Beklebe die Pappteller mit Sternaufklebern.

Gute Führung

146

Ihr müsst zu zweit sein und Pappteller und Filzstifte haben: Einer hält den Filzstift senkrecht fest an einer Stelle (knapp über dem Tisch) und der andere bewegt und dreht den Pappteller darunter so hin und her, dass die Miene des Stiftes darauf malt. Na, wie gut klappt das? Ein Schneemann? Ein Engel? Ein Rentier?

Schone die Umwelt und benutze beide Tellerseiten für dieses Spiel.

147 Schneeflocken-Ingenieur

Du brauchst Mini-Marshmallows, Zahnstocher und einen Mitspieler. Steckt und spießt nun abwechselnd die kleinen Marshmallows an die Zahnstocher und kreiert so eine Schneeflocke. Wer beim Anstecken keine Idee mehr zum Weiterformen hat oder ungeschickt dafür sorgt, dass die Schneeflocke zerfällt, der hat verloren.

Lass die Marshmallows am besten einen Tag offen stehen – so sind sie etwas trockener und lassen sich deshalb leichter aufspießen. Sie sind auch in diesem Stadium noch genießbar.

TURMBAU ZU BABEL 148

Die Treffsicherheit nimmt im Verlauf der Weihnachstfeierlichkeiten vielleicht ab, aber dieses Spiel bringt Spaß für Groß und Klein. Jeder Spieler erhält fünf Becher und fünf Wattebällchen. Stellt einen extra Becher verkehrt herum in der Tischmitte auf und versucht reihum den Becherboden zu treffen. Wer trifft (Bällchen muss liegen bleiben!) darf einen seiner fünf Becher auf den unteren Becher stellen. Wenn man nicht trifft, ist der nächste dran. Gewonnen hat der, der zuerst alle Becher platziert hat. Man verliert, wenn man den Becherturm zum Einsturz bringt.

Je schwerer das Geschoss, umso schwieriger das Spiel!

Funktioniert auch mit den DIY-Pompons von Seite 207.

PUPPENSTUBEN-STÜHLE

149

Aus den Resten der Party kannst du noch schöne Stühlchen für die Puppenstube basteln. Dazu den Drahtverschluss der Sektkorken nehmen und den unteren Draht, der die vier Drähte verbindet, entfernen. Nun die vier Beine nach innen biegen und den abgeschnittenen Draht zu einem Stuhlrücken formen und an dem Stuhl anbringen.

Die Stühlchen sind auch süße Tischkärtchen-Halter!

Damit du dich später nicht ärgerst, solltest du vor dem Fixieren mit den Klebestreifen einmal probieren, ob die Lichterkette generell funktioniert!

Meine (Luxus-) Höhle 150

Du brauchst eine große Kiste (z.B. Waschmaschinenkarton), die du so einklappst, dass sie wie ein Tunnel geöffnet ist. Mit Klebestreifen klebst du nun eine Lichterkette an die Kistendecke. Denk daran, entweder eine batteriebetriebene Lichterkette zu verwenden oder das Kabel lang genug zu lassen, um die Lichterkette an eine Steckdose anzustecken.

Pfeifenreiniger kann man ebenfalls gut in die Sektkorken stecken – sie geben prima Geweihe ab.

TIC TAC TOE

151

Du brauchst 10 Sektkorken (jeder 5) aus echtem Kork, etwas Acryl- oder Gouache-Farbe und einen schwarzen wasserfesten Stift. Mal dir die Sektkorken an und gestalte kleine Figuren, wie Engel und Schneemänner. Für Engelsflügel kannst du eine Büroklammer etwas verbiegen und in den Korken stecken. Mal dir nun die typische 9-Felder-Spielfläche auf ein Papier und los geht der Spielspaß!

Gabel-Pompons

152

Wickle etwas Wolle in deiner Lieblingsfarbe um eine vierzackige Gabel. Anschließend wickelst du einen kleineren Faden straff um die Mitte, durch die Lücke zwischen Zinken zwei und drei. Mache einen festen Knoten hinein. Schiebe das kleine Gebilde von der Gabel und schneide mithilfe einer Schere die Schlingen an den Seiten auf. Die Fadenenden kannst du nun hübsch miteinander verstrubbeln und deinen schnellen Pompon noch etwas in Form schneiden.

Diese recht kleinen Pompons eignen sich gut dazu, Geschenke zu verzieren.

153

Fingerfertig

Maxi-Variante: Wickle viel Wolle um alle vier Finger und verknote sie mittig, indem du den Faden zwischen Ring- und Mittelfinger durchführst.

Wickle Wolle in deiner Lieblingsfarbe 30–40 Mal gleichmäßig um Mittel-und Zeigefinger. Diese sollten dabei leicht gespreizt sein.

Fädle dann zwischen den Fingern einen weiteren Wollfaden durch, den du straff verknotest.

Schiebe die Wolle von den Fingern und schneide die Schlingenenden auf.

Puschel sie etwas auf und schneide die Enden auf gleichmäßige Längen, damit du auch einen schönen, gleichmäßig runden Pompon erhältst.

Das Sockengeheimnis 154

Was da wohl drin ist? Eine Dekosocke oder eine sehr große Erwachsenen-Socke kannst du als Kinderspielspaß mit Kleinigkeiten füllen. Es eignen sich Autos, Tierfiguren aber auch kleine Haushaltsgegenstände wie Teelöffel, eine kleine Seife oder ein Tee-Ei. Wer die meisten Teile durch blindes Tasten errät, bekommt eine süße Kleinigkeit.

Dieses Spiel wird nie langweilig, weil man den Inhalt beliebig oft austauschen kann.

Blaseball 155

Snowball-Blowball: Befestige mit Klebestreifen mehrere Becher am Tischrand. Verschiedenfarbige Watteballchen (drei Bällchen einer Farbe pro Mitspieler) dienen als Schneebälle, leere Küchenkrepprollen als Blasrohre: Durch die Blasrohre müssen die Schneebälle in die Becher gepustet werden.

Profi? Du kannst unterschiedliche Punkte direkt auf die Pappbecher schreiben.

Platz für deine Notizen:

Quizz die Langeweile bis zur Bescherung weg!

Phantasiegeschöpf, das dem Weihnachtsmann hilfreich zur Seite steht? [erster Buchstabe]

Wichtel

Traditioneller Weihnachts-Wartezeitverkürzer? [erster Buchstabe]

Adventskalender

Naturromantisches Winterlied, in dem gerieselt und geruht wird? [zweites Wort, erster Buchstabe]

Leise rieselt der Schnee

Klösterliches Adventsgebäck, das den in Windeln gewickelten, neugeborenen Jesus Christus versinnbildlicht? [sechster Buchstabe]

Christstollen

Orakel-Brauch auf Silvesterpartys? [dritter Buchstabe]

Blei gießen

Beliebter Silvester-Fernsehklassiker? [vierter Buchstabe]

Dinner for One

Lösung: WARTEN

Weg damit!

Bröselfreie Adventskranz-Entsorgung: Kranz in einen mit Bügel versehenen Plastikbeutel aus der Reinigung stecken

Schön war's. Die Feiertage sind vorbei und überall hängen und stehen noch Weihnachtsdekorationen, die du mal auf den Dachboden oder in den Keller räumen solltest. Hier findest du platz- und zeitsparende Verpackungshilfen. Damit ist nicht nur alles im Handumdrehen verstaut, du kannst auch im nächsten Jahr schnell, unkompliziert und ohne Kugelbruch alles wieder erneut schmücken.

156 Kugeln statt Eier

Wohin mit den Kugeln, wenn die Originalverpackung über die Jahre verlorengegangen ist? Kein Problem: Lege sie in leere Eierkartons.

In Eierkartons für Wachteleier lässt sich hervorragend kleiner Baumschmuck verstauen.

Gut auswaschen!

157 Lametta statt Salat

Das ist mal sinnvoll recycelt: Kleine Salat- oder Obstschalen aus durchsichtigem Plastik, eignen sich prima, um darin weihnachtliche Kleindekoteile aufzubewahren. Weil sie durchsichtig sind, siehst du auch immer, was drin ist. Deckel weg? Einfach mit Frischhaltefolie umwickeln.

Von der Rolle

158

Das Kuddelmuddel der Lichter- und Baumketten hat ein Ende, wenn du sie vor dem Verstauen auf Papprollen aufziehst. Dann kannst du sie kommendes Weihnachten ganz stressfrei wieder abwickeln.

Klebe Anfang und Ende mit etwas Klebefilm fest, dann rutscht nichts von der Rolle!

LICHTERKETTE (UNVERKNOTET)

159

Um Lichterketten ordentlich aufzubewahren – ohne Kabelsalat im nächsten Jahr – wickelst du sie am besten auf Pappstücke. Sie lassen sich so problemlos auch in den Kisten mit Weihnachtsdeko verstauen und stapeln. Die Stecker bzw. die Enden der Lichterketten solltest du mit einem Stück Klebestreifen an der Pappe fixieren.

Wer es noch exakter mag, kann oben und unten Ritzen in die Pappstücke machen, um die Kabel darin beim Umwickeln festzuklemmen.

WRAPPING WRAP

160

Ein Kleiderbügel und eine Schutzhülle für Anzüge sind sehr dienlich, um Geschenkpapierrollen ordentlich aufzubewahren: Bügel im Kleiderschrank einhängen, die Geschenkpapiere nebeneinander in der Kleiderschutzhülle positionieren und schon sind sie ordentlich, staub- und feuchtigkeitssicher bis zum nächsten Advent aufbewahrt.

Mache dir Themensäcke. So hast du das Weihnachts-, Geburtstags- oder Osterpapier mit einem Griff.

Aufgehängt! 161

Geschenkpapiere, die nicht auf Rollen gelagert werden (Einzelbögen), kannst du auf Hosenbügel hängen, dann bleiben sie absolut knitterfrei.

Super Staubschutz: Reinigungsfolie (die mal über dem guten Hemd war) über den Hosenbügel stülpen.

So verhinderst du auch, dass gestapelte Kerzen aneinander abfärben.

162 Kerzensafe

Dünne Kerzen brechen oft beim Verstauen. Verhindere das, indem du sie in dünne Papprollen steckst, die du an beiden Enden mit Malerkrepp verschließt.

Aus alt mach neu

163

Sammle deine Weihnachtskerzenreste farblich sortiert in leeren Konservendosen. Fülle die Dosen ggf. mit Teelichtern auf (ziehe die Teelichtdochte von unten heraus). Stelle die Dosen dann in einen Topf mit kochendem Wasser und schmelze so das Wachs. Die festen Reste, wie Dochtreste oder Glitzer, sinken auf den Dosengrund. Fette Ausstechförmchen ein und stelle sie auf ein mit Backpapier ausgelegtes Backblech. Gieße nur wenig Wachs in die Förmchen (bis der Boden bedeckt ist). Stelle einen (Teelicht-)Docht hinein und lasse das Wachs stocken. Gieße nun das restliche Wachs ein. Aushärten lassen und Kerzen nach unten aus den Förmchen drücken.

Du kannst sogar Farben schichten. Lass dazu jede Farbe einzeln erkalten.

164 Ordnung muss sein!

Paketschnur rollt sich kontrollierter ab, wenn du sie in eine CD-Box steckst und nur stückweise herausziehst.

Perfektionist? Bohre mit der Bohrmaschine ein kleines Loch für den Fadenanfang in die Hülle.

Wenn du deine Geschenkpapiere vor dem Ausbleichen schützen möchtest, dann wickle noch jeweils ein großes Papier um jede Rolle.

165

Auf einen Blick

Geschenkpapier stets griffbereit: Nimm einen Papierkorb (Schirmständer / hoher Karton), in den du deine Rollen einfach nebeneinanderstellst. Dein Gefäß sollte aber nicht zu leicht sein, damit es nicht umfällt.

ICE, ICE, BÄNDER

166

Auf gereinigte Eisstiele lassen sich Web- und Geschenkbänder prima aufwickeln. Mit einer Stecknadel kannst du die Enden fixieren. Besonders dekorativ sieht es aus, wenn du die Holzstäbchen senkrecht in ein Glas stellst.

Wenn du sie in ein tieferes Glas mit Deckel (Gurkenglas) stellst, sind die Bänder sogar staubgeschützt.

AM LAUFENDEN BAND

167

Nimm dir einen dieser dünnen Bügel, die es in der Reinigung gibt und knipse mit dem Seitenschneider ein Ende auf. Biege das Teil von oben zu einer Schlaufe und biege es leicht zur Mitte hin. Den anderen Teil lässt du so, damit du ihn in die Schlaufe einklicken kannst – wie bei einer Sicherheitsnadel. Fädle alle deine Tape-Rollen auf den Bügel auf. Jetzt hast du quasi einen Maxi-Abroller.

Bügel aus der Reinigung sind vielfältig nutzbar – siehe auch Seite 34.

IM SACK 168

Den geschmückten Adventskranz für den Transport (oder Lagerung) in einem mit Bügel versehenen Plastikbeutel aus der Reinigung deponieren; so bleibt alles beieinander.

Wettervorhersage

169

Was tun mit den Zapfen, die von der Weihnachtsdeko übrig sind? Lege ein bis zwei Zapfen von Nadelbäumen auf den Balkon oder hänge dir einen mit einer Schnur außen ans Fenster. Bei schönem, trockenem Wetter öffnen sich die Schuppen des Zapfens, bei feuchtem und regnerischem Wetter bleiben sie verschlossen.

Die restlichen Zapfen kannst du als Kaminanzünder verwenden.

STREIFENFREI

170

Willst du deine Gläser von allen Seiten trocknen, ohne hässliche Wasserränder vom Abtropfen? Dann nutz doch einfach einen Gitterrost aus dem Backofen, den du auf ein Geschirrtuch stellst, um die restliche Nässe aufzufangen. Abschließend musst du nur noch den Glasrand nachpolieren.

Wenn du nur ein einzelnes Weinglas trocknen möchtest, kannst du es auch auf zwei chinesische Essstäbchen stellen.

Ausgeglittert

171

Glitter ist super, hat aber den Nachteil, dass er schwer „einzufangen“ ist. Nimm bei einem Glitterunfall einfach eine selbstklebende Fusselrolle und rolle damit über die betroffenen Stellen, um den Glitter restlos zu entfernen.

Alternativ kannst du Klebeband verwenden. Wickle es mit der klebrigen Seite nach außen um deine Hand.

172 Frischhalte-Tanne

Wenn du Kunstbäume benutzt und nicht jedes Jahr neu schmücken möchtest, kannst du die Tanne zur Lagerung mit Frischhaltefolie umwickeln, damit die Dekoration nicht abfällt.

Sehr breite Folie zum Verpacken bekommt man im Baumarkt.

Wickle außen Küchengummis um die Rundholzstäbe, dann rutschen die Stangen nicht zurück durchs Bohrloch.

HÄNGER HÄNGEN 173

Eine gute Möglichkeit, deine kugeligen Weihnachtsschätze aufzubewahren, ist es, sie einfach in die Weihnachtsdekokiste zu hängen. Stabile Holzkisten oder Plastikbehälter sind am besten geeignet. Bohre im oberen Teil gegenüberliegende Löcher in die Kistenwände, sodass du Stangen (z.B. Rundholzstäbe) hindurchschieben kannst. Auf die Stangen kannst du die Kugeln an ihren Bändern aufhängen. Unter den Kugeln lassen sich natürlich auch noch Dekoteile lagern.

Aha!

Ist die Verwandtschaft wieder weg, geht es ans Putzen. Allgemein sollte man dabei einige Dinge beachten: Du solltest genug Zeit einplanen und dir vorab Spezial-Putzmittel (z. B. Fleckenlöser für Weinflecken) besorgen. Anschließend solltest du die Reihenfolge des Putzens im Auge behalten. Es lohnt sich durchaus, mit dem Küchenfett auf den Schränken anzufangen. Davon hat sich sicher reichlich über die kochintensiven Weihnachtsfeiertage angesammelt. Profi-Putzwissen: Am besten einen Schwamm mit frischem Speiseöl tränken, um dieses wirklich hartnäckige Fett zunächst zu binden. Anschließend mit viel Spüli klar waschen. Spülmittel enthält nämlich in erster Linie Enzyme zum Lösen von Fett. Es macht Sinn, allgemein von oben nach unten zu putzen. Sonst krümelt man womöglich die frisch geölt Dielen direkt wieder voll.

Erfahrungen von Freunden:

Silvester & Neujahr

Zu jeder vollen Stunde bis 24 Uhr packt ein Partygast ein Countdown-Tütchen aus: Glückskekse, Knallbonbons, Piccolo – was ist in deiner?

2017

Jahreswechsel! Natürlich machst du eine Party! Aber worauf solltest du achten, damit sie für große und kleine Gäste unvergesslich wird? Wie kannst du mit wenig Aufwand und beispielsweise nur einem leeren Marmeladenglas für tiptop Partystimmung sorgen? In diesem Kapitel gibt es jede Menge Deko- und Spaßhacks für dich – und, weil jeder Spaß mal ein Ende hat, auch noch einige wirkungsvolle Katerfrühstück-Tipps.

174 Der Countdown läuft

Einen stimmungsvollen Countdown erhältst du, indem du aufgeblasene Luftballons, die mit Konfetti gefüllt sind, an der Wand befestigst. Lass die Ballons platzen, indem du während der letzten 8 Sekunden vor Mitternacht jede Sekunde einen mit einer Nadel anstichst.

Du kannst auch nur den letzten Ballon mit Konfetti füllen!

Du kannst die Lampe auch mit einem Paillettenmuster verzieren. Dazwischen Freiräume lassen, dann leuchtet die Lampe heller.

175 Diskokugel

Sprühe einen Papierball-Lampenschirm kräftig mit Sprühkleber ein. Glitter in Gold und Silber großzügig darauf verteilen und trocknen lassen. Wiederhole diesen Vorgang zwei bis dreimal, bis die Papierlampe vollständig mit Glitter benetzt ist. Abschließend zum Versiegeln noch einmal Sprühkleber oder Klarlack übersprühen und die „Diskokugel" als Dekoration aufhängen.

VERSTÄRKER

176

DIY-Lautsprecher: Musik beim Feuerwerk gucken, auf der Skihütte oder beim Glühweinumtrunk auf dem Hof: Verstärke die Lautsprecher deines Smartphones, indem du in eine Klopapierrolle in der Mitte einen Schlitz schneidest, der der Breite deines Smartphones entspricht. Nun in zwei Pappbecher je ein Loch im Durchmesser der Klopapierrolle schneiden und die Enden der Rolle jeweils in einen Becher stecken. Das Smartphone hineinstecken und den Sound anschalten.

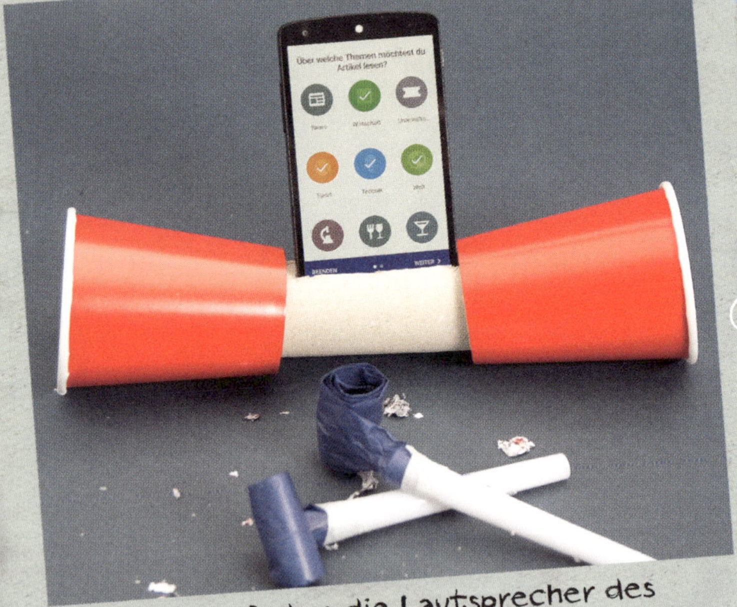

Achte darauf, dass die Lautsprecher des Smartphones nicht direkt auf der Klopapier-rolle aufliegen. So wird der Sound gedämpft und schlechter statt besser.

COUNTDOWN-TÜTEN 177

Fülle kleine Tüten mit Silvester-Utensilien (in eine kommt ein Piccolo, in eine andere z.B. ein Bleigießset, Luftballons, Glückskekse oder eine kleine Tröte). Die Tütchen beklebst oder bemalst du mit unterschiedlichen Uhrzeiten. Am Silvesterabend bekommt jeder Gast eine Tüte – jede Stunde wird ein weiteres Tütchen mit einer lustigen Überraschung entpackt.

Hübsch und günstig sind Butterbrottüten oder packpapierfarbene Biomülltüten ohne Aufdruck.

Avch lecker: Schokolinsen!

178

GOOD LUCK!

Ein schönes Mitbringsel für die Silvesterparty. Nimm einige Geleebohnen und rolle sie in transparente Verpackungsfolie ein. Die Öffnungen tackerst du oben und unten zu. Gestalte einen hübschen Anhänger, der die Geleebohnen als „Glückspillen“ deklariert. Bemale ihn mit Kleeblättern, einem Schornsteinfeger oder einem Glücksschweinchen und binde den Anhänger an die Folie.

179

Glückssträhne

Ein witziges kleines Geschenk: Verpacke ein paar Weingummischnüre in einer Zellophantüte und verschließe sie oben mit einem Stück Tonkarton. Darauf notierst du das Wort „Glückssträhne". Es war noch nie so einfach, Glück zu verschenken!

Alternativ kannst du auch „Nerven wie Drahtseile" verschenken.

180 Sternschnuppen

Eine gefahrloser Silvesterspielspaß auch für Kinder: Nachtleuchtende Plastiksterne (wie man sie von der Kinderzimmerdecke kennt) oder Dekoglitzersterne lassen sich prima mit einem Haushaltsgummi wegschnipsen.

Wunsch im Geist formulieren und der Sternschnuppe mit auf den Weg geben.

Der Knaller! 181

Eine Klorolle mit Süßkram, Luftballons und einem klugen Spruch füllen, in Krepppapier wickeln und die Enden bonbonartig verdrehen. Alles mit Klebestreifen zukleben. Wer die Bonbons außen noch mit Aufklebern oder bunten Tapes verziert, macht sie zu dekorativen Hinguckern auf dem Silvesterpartytisch.

Bei selbstgemachten Knallbonbons geht es vor allem um den Inhalt.

182 Silvester-Lotterie

Silvester-Schatzsuche? Nicht nur Rubbellose lassen sich so herstellen, auch Schatzkarten kann man so verschlüsseln.

1

Gestalte ein Rubbellos. Orientiere dich dabei an der Vorlage auf Seite 313. Klebe durchsichtige Bucheinschlagfolie auf die Rubbellosvorlage und schneide das Los auf das Endmaß zu.

2

Mische Acrylfarbe mit Spülmittel im Verhältnis 2:1 und trage die Mischung mit einem Pinsel auf die Rubbelfläche auf. Bei hellen Farben mehrere Schichten aufmalen. Zwischendrin trocknen lassen. Die Acrylfarbe lässt sich nun spielend leicht abrubbeln!

DER SNACK-HACK 183

Nachos und Dips lassen sich wunderbar zusammen servieren, wenn du die Nachos in eine flache Schüssel schüttest und mittig ein Glas mit größerer Öffnung stellst, in welches du den passenden Dip einfüllst. So ist zusammen, was zusammengehört und Dip-Kleckereien geschehen nur über dem Nacho-Teller.

Gewusst? Chipstüten lassen sich so aufkrempeln, dass sie wie Popcorn-Eimer stehen!

GLÄSER MARKIEREN 184

Damit jeder sofort sein Glas wiedererkennt, kannst du sie mit verschiedenfarbigen Haushalts- oder Haargummis markieren.

Erinnerung: Jeder Gast bekommt ein weiteres Gummi in seiner Farbe fürs Handgelenk.

Gläser nicht zu voll machen, sonst hängen die Glückskekse in der Flüssigkeit.

185

Glück muss man haben

Glückskekse sind nicht nur unterhaltsam, sondern gleichzeitig auch eine hübsche Dekoration für Gläser: Du kannst einen Glückskeks nämlich am Glasrand einhängen.

PARTYPOPPER 186

Pappbecher-Boden entfernen und mit Tape einen abgeschnittenen Luftballon am Bodenrand befestigen. Befülle den Becher mit Glitter und Pompons und ziehe kräftig am Luftballon. Glitterdusche!

Die Glitterreste kannst du mit dem Fusselrollenhack von Seite 233 entfernen.

Wie du Pompons selber machen kannst, siehst du auf Seite 207 und 208/ 209.

Kindersekt

187

Auch die Kleinsten wollen an der großen Party teilhaben und mit den Erwachsenen anstoßen. Ermögliche es ihnen und kreiere einen Kindersekt aus Süßigkeiten. Dazu einfach kleine Snacks wie Gummibärchen und Bonbons in ein Glas schichten. Prost!

Alternativ kannst du auch eine helle Limonade an die Kinder ausschenken.

SCHÜTZ DICH!

188

Damit sich niemand die Finger verbrennt, kannst du mithilfe eines Messers in den Boden einer Blechdose ein Loch stechen und die Wunderkerze durch die Dose hindurch festhalten.

Oder du nimmst einen Pappbecher.

189 Sektperlen

Wenn vom vielen Erzählen der Sekt schal geworden ist, wirfst du einfach ein bisschen Zuckerwatte in das Glas. Der Sekt erhält so neue Sprudeligkeit (und wenn du farbige Zuckerwatte nimmst, erlebst du ein wahres Farbspektakel im Glas!).

Notfalls klappt das auch mit einer Rosine – aber die mag nicht jeder!

Zum Servieren Zahnstocher reichen (oder einen Löffel), die Bärchen sind glitschig.

RUSSISCHE BÄREN 190

Wodka (oder Korn) kann man auch essen. Dazu ein paar Gummibären für drei Stunden in Wodka einlegen und dann in einem Sieb abtropfen lassen.

191 Luftballon-rakete

Für die Rakete zwei Esslöffel Backpulver in einen Ballon geben. In eine Flasche ca. 100 ml Essig füllen. Nun im Freien und schnell den Ballon auf die Flasche stülpen und so das Backpulver hineinrieseln lassen. Kurz schütteln und beim Raketenstart Abstand halten!

Am besten den Ballon vorher schon einmal aufpusten, damit er nicht mehr ganz so viel Spannung hat.

Irrer Sound 192

Einen ultracoolen Partysound erhältst du, indem du in einen aufgeblasenen Luftballon eine Schraubenmutter hineingibst. Nun den Ballon verknoten und kräftig im Kreis drehen (mit der aufgeblasenen Seite nach unten). Geistersound!

Lege auf deiner Silvesterparty viele dieser präparierten Luftballons aus. Das wird ein Spaß!

Beim Aufpusten darauf achten, dass du zum Luftholen richtig absetzt und nicht aus dem Ballon Luft einatmest, weil du sonst winzige Glitterpartikel einatmest.

PENG! 193

Fülle alles, was glitzert und glittert mithilfe eines Trichters in den Ballon ein. Anschließend pustest du den Ballon wie gewohnt auf und verknotest ihn. Wer ihn platzen lässt, erlebt einen wahrhaften Glitterregen.

Last-Minute-Silvester-Glamour

1 Edle Schicki-Micki-Kerzen: weiße Stumpenkerzen mit ein paar einfachen, goldenen Reißzwecken pimpen. Am besten fängst du am unteren Ende der Kerze an und piekst die Reißzwecken im Kreis herum oder spiralförmig und leicht überlappend in das Wachs bis die ganze Kerze bedeckt ist. Wenn du mehrere solche Kerzen zusammen arrangierst, gibt es effektvolle Spiegelungen. Mit dieser stimmungsvollen Beleuchtung wird jede Silvesterparty zum Erfolg!

2 Lametta-Recycling: Schneide aus einem dicken Karton die Ziffern fürs kommende Jahr groß aus und umwickle sie dann dicht mit Lametta, das du bestimmt noch von Weihnachten übrig hast. Wo es nötig ist, kannst du die Lametta-Enden einfach mit Bastelkleber fixieren. Besonders schön wird es, wenn unten an den Zahlen etwas Lametta heraushängt. Bei jedem Luftzug gibt es dann einen schönen Flimmer-Effekt.

3 Party-Outfit: Ältere Pumps, die vielleicht nicht mehr ganz so fresh aussehen, außen mit Sprühkleber einsprühen (oder bepinsele sie mit Textilkleber) und dann reichlich Glitter daraufstreuen, bis der ganze Schuh ringsherum bedeckt ist. Falls du zufällig Klarlack zur Hand hast, kannst du damit den Glitter noch versiegeln.

KEIN KATER!

194

Wenn du vor dem Genuss von Alkohol deinen Magen gut und gesund füllst – vor allem mit Vollkornprodukten (Vollkornnudeln oder Naturreis mit Gemüse), schaffst du dir eine gute Grundlage, um nicht zu schnell zu betrunken zu werden. Am nächsten Tag hängst du dann auch nicht komplett durch.

Vor allem Spargel sagt man nach, dass die darin enthaltenen Aminosäuren gut helfen, einem „Kater" vorzubeugen.

Du bekommst stärkere Kopfschmerzen, wenn du verschiedene alkoholische Getränke durcheinander trinkst – und oft auch Sodbrennen.

Schädelschutz 195

Zu jedem Glas Alkohol ein Glas Wasser trinken. Das Wasser hilft dem Körper, den Alkohol zu verstoffwechseln – und nebenbei führt es auch zu einem insgesamt geringeren Alkoholkonsum. So hast du am nächsten Tag keine Kopfschmerzen.

KOKOSNUSS-GENUSS 196

Isotonischen Sportgetränken sagt man nach, dass sie wichtige Elektrolyte enthalten, die den Körper nach einer durchzechten Nacht wieder gut auftanken. Noch viel besser ist es aber, wenn du dir eine frische Kokosnuss gönnst. Kokoswasser hat noch mehr dem Blut ähnliche Elektrolyte als jedes andere Getränk!

Du kannst das Fruchtfleisch der Kokosnuss raspeln und trocknen, um damit andere Lebensmittel winterlich (als Schnee) zu garnieren (z. B. den Mozzarella-Schneemann von Seite 114).

197 ANTI-SCHLECHT-TEE

Übelkeit und Brechreiz verschwinden, wenn du einen Pfefferminztee zu dir nimmst. Die frischen Minzblätter mit kochendem Wasser übergießen, zehn Minuten abgedeckt ziehen lassen, abseihen und trinken.

Wer Minze nicht mag, nimmt Ingwertee.

198 Ofen-Ei

Eier sind das perfekte Katerfrühstück, weil sie wichtige Aminosäuren wie Taurin und Cystein enthalten. Taurin pusht die Leberfunktion, und die hat viel zu tun, wenn man viel Alkohol getrunken hat. Cystein spaltet Acetylaldehyd auf, welches entsteht, wenn die Leber Ethanol abbaut, das wiederum ursächlich für Kopfschmerzen ist.

Ganz viele Spiegeleier gleichzeitig – für dich und deine Partygäste – bereitest du am nächsten Morgen in einem ausgefetteten Muffinblech im Ofen zu.

Crunchy Katerschreck 199

Knäckebrot und Honig sind ein ideales Katerfrühstück. Die Kohlenhydrate des Knäckebrots erhöhen den Blutzucker und gleichen das entstandene Defizit an Mineralien und Vitaminen aus. Somit hilft es gegen Kopfschmerz und Schwindelgefühl. Das Brot ist außerdem wohltuend für den Magen. Der Honig enthält Fructose, die mit dem Alkohol bei der Verstoffwechslung konkurriert. Dieser „Wettbewerb" ist es nun, der die rasche Veränderungen des Alkoholspiegels verhindert, die sonst zum stechenden Kopfschmerz führt.

Vom Honig sollte im Idealfall schon mal vor dem Zubettgehen ein Teelöffel genascht werden.

Alternative: Äpfel, Bananen, Himbeeren und ein paar Spritzer Zitronensaft mischen und mit Joghurt frühstücken. Gleicher Effekt!

200 POWER-SMOOTHIE

Bestimmte Früchte und Gemüse, wie z. B. Kiwis, Bananen und Spinat, enthalten viel Kalium. Nach einem alkoholhaltigen Abend ist der Kaliumspiegel oft im Keller. Dieser Smoothie schafft Abhilfe: Ein Apfel, 70 ml Limettensaft, eine Handvoll Basilikumblätter, etwas Agavendicksaft und 150 ml Wasser im Mixer püriert, ergeben einen leckeren Detox-Smoothie.

Perfekt für Veganer: Miso ist eine reiche Quelle für Vitamin B12

Warmes Frühstück 201

Dir ist flau im Magen? Liegt es am Sekt vom Vorabend oder an einer Erkältung? Egal, greife auf diesen japanischen Trick zurück: Iss Miso-Suppe. Sie ist das ideale Anti-Kater-Mittel, da sie mit nützlichen Bakterien fermentiert ist, die die Magenschleimhäute beruhigen. Sie versorgt dich außerdem wieder mit ausreichend Flüssigkeit.

Neujahrs-frühstück

202

Kater? Iss rohe Tomaten zum Frühstück! Jede Tomate enthält Lycopin. Das ist ein Antioxidant, das freie Radikale im Körper reduziert. Die ebenso enthaltene Fructose und das Vitamin C geben der Leber einen Kick und helfen dabei, den Alkohol schneller abzubauen.

(Kater-) Frühstück für den Liebsten: Ans Bett und mit liebem kleinen Zettelchen!

Der Klassiker 203

Saure Gurken gegen Hangover sind seit Ewigkeiten populär. Die Gurken enthalten durch das Einlegen Essig, Salz und Wasser und helfen dem Körper dabei, Flüssigkeit zuzuführen und den Elektrolyt-Haushalt wieder aufzupäppeln. Schmecken tun sie sowieso.

Brot garniert mit Gürkchen kann man auch schon während des Trinkens gut anbieten.

204 Wunschwand

Häng doch zur Silvesterparty oder dem gemeinsamen Neujahrsbrunch einfach eine Tafel mit Post-its und Stift auf – deine Gäste können dir darauf gute Wünsche und Vorsätze für das ganze Jahr hinterlassen. Das zaubert garantiert 365 Tage ein Lächeln auf dein Gesicht!

Ob Wünsche oder gute Vorsätze, lass die Wand bis zum nächsten Silvester hängen und überprüfe sie dann in gleicher Runde.

Erinnerungsglas 205

Vielleicht wird's nie wieder so schön... Verschenke ein mit der Jahreszahl des kommenden Jahres beschriftetes leeres Einweckglas an liebe Freunde. Sie können all ihre schönen Erlebnisse während des Jahres auf einen Zettel schreiben und hineinlegen. Zum nächsten Silvester könnt ihr alle eure Gläser ausleeren und eure Erinnerungen vorlesen.

Aus Fehlern lernt man. Halte auch weniger schöne Erinnerungen als Mahnung in Schriftform fest.

Aha!

Ein Kater ist im Grunde genommen eine leichte Alkoholvergiftung. Wenn man Alkohol konsumiert, scheidet man mehr Flüssigkeit aus, als man zu sich nimmt. Der Körper reagiert darauf mit Kopfschmerzen und „Brand“ (großem Durst). Es werden wichtige Stoffe, wie Mineralstoffe und Vitamine, in zu großer Menge und zu schnell ausgeschwemmt. Dadurch kommt es zu dem typischen, schwankenden Gang, den Betrunkene oft haben. Fettiges Essen verlangsamt diese ganzen Prozesse, indem es die Alkoholaufnahme hemmt. Alkoholhaltige Getränke, die zuckerreich (Cocktails) oder kohlensäurehaltig (Sekt) sind, beschleunigen hingegen den Prozess. Gleichzeitiger Genuss von Tabakwaren verschlimmert übrigens den Kater!

Notizen ...

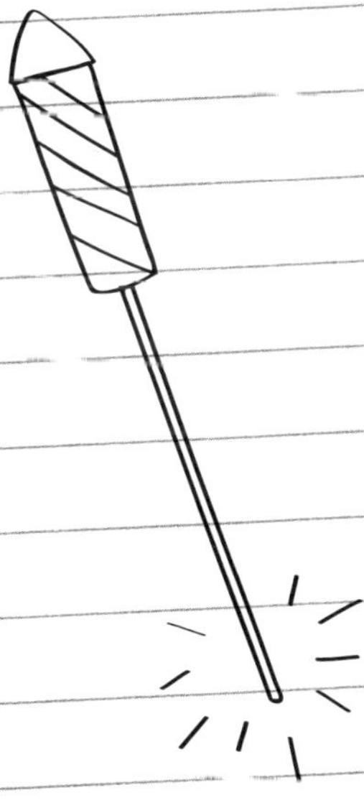

Winter
&
Wetter

Schraube als Spike-
Ersatz Schrauben
in die Schuhsohlen
deiner Winterschuhe-
rutschfest!

Winterwetter! Das ist nicht nur die Pferdeschlittenidylle, die man aus dem TV kennt. Das sind angefrorene Scheibenwischer, Ausrutschen mit vollen Einkaufstaschen, kalte Finger, fleckige Stiefel mit Salzrändern und gelangweilte, in der Wohnung gefangene Kinder. Wie gut, dass es Trick 17 gibt! Hier wird dir geholfen.

206 Smarter Handschuh

Du kannst die Zeigefinger deiner Handschuhe mit leitfähigem Silbergarn besticken, damit du dein Smartphone auch mit Handschuhen benutzen kannst.

Das Garn ist sehr günstig im Handel erhältlich und man kann es mit einer Stopfnadel gut verarbeiten.

Vögel füttern 207

Easy Vogelfutterstelle: Tetra Pak™ leer trinken, ausspülen und trocknen lassen und dann mit einem sehr scharfen Teppichmesser vorn und hinten ein „H“ einschlitzen. Die Teile nach oben und unten außen knicken. Eine Holzstange als Sitzgelegenheit für die gefiederten Freunde durch die unteren Klappen bohren (um den Stab leichter durchzubohren, ritzt du mit dem Cutter in die Klappen ein kleines „X“). Durch das schräge Dach führst du mit einer stabilen Nadel ein Stück Paketband, dann kannst du deine Futterstelle daran aufhängen.

Das Vogelhaus lässt sich mit Acrylfarben oder Permanentmarkern bemalen.

208 Heiße Schneeflocken

Mit Heißkleber kannst du transparente Schneeflocken an dein Fenster zeichnen – falls der Schnee mal ausbleibt. Kreuze erst ein paar Geraden mittig und versuche dann die Enden der Geraden mit kleinen Punkten und Strichen zu einer Schneeflocke auszugestalten.

Wenn du eine Ecke der erkalteten Sterne greifst, kannst du sie ganz einfach und absolut spurlos vom Fenster abziehen.

Sehr geeignet für Kinder, weil die Seife nicht kleckert wie Fensterfarben.

Die Kante eines Seifenstücks ist ein prima Stift! Zeichne damit auf dein Fenster: Denke dir hübsche Blumenmuster und Ranken aus, die du mit der Seife an die Scheiben malen kannst. Das sieht vereisten Fenstern wirklich ähnlich. Flanierende Fußgänger werden staunen!

EISBLUMEN 209

210 RUTSCHFEST

Um deine Schuhe wintersicher zu machen, kannst du dir mit einem Schraubenzieher kleine Schrauben in die Profilsohle eindrehen. Aber Achtung – du solltest darauf achten, dass die Schrauben nicht länger sind, als das Profil deiner Boots tief ist. Wähle zum Einschrauben die höheren Stellen des Profils. Nimm rostfreie Schrauben.

Wenn das Profil schon etwas runtergelaufen ist, ist das eine gute Möglichkeit, um deine Schuhe noch mal glatteisfest zu machen.

KAMINFEUER DELUXE 211

Anzünder-Alternativen
sind getrocknete Zitro-
nenschale oder Schalen
von Macadamia-Nüssen.

Trockne Orangenschalen auf einem Backblech bei 60 °C (Umluft) ca. vier Stunden im Backofen. Die getrockneten Orangenschalen legst du in eine Papiertüte und verwendest das Bündel als Anzünder für den Kamin (oder das Winter-Lagerfeuer). Durch die ätherischen Öle in der Schale duftet es im ganzen Zimmer.

212 WARME FÜßE

Extraisolierung für Winterspaziergänge: Wickle fünf Lagen Alufolie um deine Füße und ziehe erst dann deine Winterschuhe an. Wärme pur!

Nicht dicht? Der Schnee ist nass und die Schuhe sind nicht mehr ganz dicht? Schlüpfe erst in eine kleine Tüte und dann in deine Stiefel.

EXTRAOFEN 213

Gut bei einem Glühweinumtrunk im Freien! Stelle vier Teelichter in eine feuerfeste (Auflauf-)Form. Stülpe einen kleinen Blumentopf aus Ton darüber (er sollte auf der Form aufsitzen) und verschließe sein Loch mit einer großen Münze. Stülpe einen größeren Tontopf darüber. Sollte die Auflaufform zu groß sein, dann lege Metall-Schaschlikstäbe oder einen Backrost darüber, auf denen die beiden Tontöpfe aufsitzen können.

Lass deinen Tontopf-Ofen nie unbeaufsichtigt!

Außerdem hellt regelmäßiges Ananas-Essen deine Zähne auf!

214 Haus-apotheke

Husten? Trink Ananassaft! Im Winter jeden Tag. Ananassaft ist fünfmal effektiver als der Durchschnitts-Hustensaft! Er wirkt außerdem wegen seines hohen Vitamin C-Gehalts bereits präventiv gegen Erkältung und Schnupfen. Lecker!

215 Zucker-peeling

Für schöne Winterhaut machst du dir am besten ein Zuckerpeeling aus der abgeriebenen Schale einer Bio-Orange, zwei gehäuften Esslöffel Zucker und 4 cl Olivenöl. Durch die Fruchtsäure der Orange und die Zuckerkörnchen peelen sich die alten Hautschichten ab. Das Öl macht deine Haut geschmeidig und schützt sie vor dem Austrocknen.

Alternativ kannst du Mandel- oder Kokosöl verwenden.

216 DURST?

Durch die trockene Heizungsluft im Winter trocknen auch die Haut und die Schleimhäute aus, beide werden empfindlicher. Wer im Winter viel trinkt, hat deshalb auch schön geschmeidige Lippen.

Ideal sind Buttermilch, ungesüßter Tee, Wasser und Saftschorle.

Süße Lippen 217

Honig pur auf die Lippen auftragen und 10 Minuten einwirken lassen (nicht ablecken!). Der Honig reduziert Keime und Wunden an den spröden Lippen, weil er antiseptisch wirkt. Er beschleunigt somit die Heilung von kleinen Rissen unter der Haut und baut das trockene Gewebe ab: Die Lippen heilen.

Extrapflege bei eingerissenen Mundwinkeln: Mische etwas Quark unter, er kühlt und birgt viel Feuchtigkeit in sich.

218

Wischer-Wickel

Kniestrümpfe über den Scheibenwischern leisten gute Dienste: Die Scheibenwischer sind frostsicher verpackt und haften nicht an der Scheibe.

Außerdem sieht das witzig aus!

In Drogerien gibt es oft kleine Packungen Hände-Desinfektionsmittel als Produktproben. Die sind günstig und noch taschenkompatibler.

Schloss enteisen 219

Wenn das Schloss deines Autos eingefroren ist und du keinen Schlossenteiser hast, dann hilft Hände-Desinfektionsspray. Es enthält genug Alkohol, um dein Schloss sofort aufzutauen. Außerdem passt es gut in die Tasche und lässt sich prima dosieren.

220 Eisfrei

Stets eisfreie Seitenspiegel? Kannst du haben. Die praktischen Ziploc®-Tüten, die man aus der Küche als Gefrierbeutel kennt, lassen sich super über die Seitenspiegel stülpen und bleiben auch da, wenn man den Verschluss so gut es geht zuzieht.

Für die meisten Autospiegel passen die Ziploc®-Tüten mit 3L Fassungsvermögen.

STREU IN SOCKE 221

Wenn du in eine Socke etwas Katzenstreu gibst und die Socke zuknotest, kannst du sie im Auto gut auf die Armatur (also ins Cockpit in die Nähe der Scheibe) legen. Du hast dann keine beschlagenen Scheiben mehr, weil das Katzenstreu die Feuchtigkeit im Autoinneren aufsaugt, bevor sie sich als Kondenswasser im Auto niederschlagen kann.

Die Funktionalität dieses Hacks hängt vom Volumen des Autoinneren ab. Du musst die ideale Menge Katzenstreu ein bisschen testen.

Auch als dekorativer Untersetzer sind die Schneeflocken prima!

222 Schneeflöckchen, Weißröckchen

Weiße Muffinmanschetten glatt ausstreichen, einige Male um den Mittelpunkt falzen und kleine Ecken und Kurven aus den Kanten ausschneiden. Wieder entfaltet, erhältst du eine schicke Schneeflocke. Mit Klebefilmröllchen ans Fenster kleben.

Notizen ...

REGISTER

Basisrezepte

Zuckerguss (Seite 55 + 75)

2 Eiweiße (Eier Größe M) und 250 g gesiebter Puderzucker mit 1 TL Zitronensaft verrühren.

Focaccia (Seite 119)

500 g Weizenmehl, Type 550
15 g Frischhefe
1 EL Salz
50 ml Olivenöl
320 ml Wasser
½ EL Zucker
Meersalz, Rosmarin, Thymian und Salbei
50 ml Olivenöl

Zuerst die Hefe in etwas lauwarmem Wasser auflösen und anschließend das Olivenöl, das Salz und das restliche Wasser dazugeben. Das Mehl einkneten. Den Teig zugedeckt an einem warmen Ort 1 Stunde gehen lassen. Nochmal gut durchkneten und den Teig auf einem mit Öl gefetteten Backlech verteilen. Den Teig mit der Gabel überall einstechen und mit dem restlichen Olivenöl bestreichen. Eine weitere halbe Stunde gehen lassen. Anschließend Meersalz und Kräuter aufstreuen und die Focaccia bei 220 °C im vorgeheizten Ofen 20–25 Minuten backen.

Gingerbread Man (Seiten 21, 51, 55)

180 g Butter
300 g braunen Zucker
400 g Mehl
1 Ei
12 EL Abrieb einer Bio-Orange
30 ml Zuckerrübensirup
½ TL Natron
2 TL Zimt
1 TL Ingwerpulver
je ½ TL Nelken und Salz

Die Butter mit dem Zucker schaumig rühren, dann das Ei gut unterrühren. Nun den Sirup und die Orangenschale untermischen. Das Mehl und alle Gewürze einrühren. Den Teig über Nacht (mind. 2 Std.) in den Kühlschrank stellen. Kneten, 0,5 cm dick auswellen und auf einer bemehlten Arbeitsfläche Lebkuchenmänner ausstechen. Auf einem mit Backpapier ausgelegten Backblech im vorgeheizten Backofen bei 160 °C 15 Minuten backen. Erst nach dem Erkalten mit Zuckerguss (siehe Seite 302) verzieren.

Mandelkekse (Seite 66)

350 g Mehl
300 g Butter
150 g Zucker
100 g Mandeln
200 g Marzipan
1 Ei

Mehl, Zucker und Mandeln in einer Schüssel mischen, das Marzipan zerbröseln und alles vermengen. Das Ei und die Butter einrühren. Den Teig 12 Stunden kaltstellen. Anschließend auf einer bemehlten Fläche 0,5 cm dick ausrollen und ausstechen. Auf einem mit Backpapier ausgelegtem Backblech verteilen und bei 180 °C im vorgeheizten Backofen 10–15 Minuten backen.

Cookies (Seite 76)

100 g Schokolade
150 g Mehl
80 g Butter
1 Ei
150 g brauner Zucker
1 EL Kakao
1 TL Backpulver
(optional gehackte Nüsse oder backfeste Schokotropfen)

Butter und Schokolade separat schmelzen. Die Butter mit Ei und Zucker schaumig schlagen. Mehl, Backpulver, Kakao und die geschmolzene Schokolade unterrühren. Wer Nüsse mag, mischt diese jetzt unter. Den recht flüssigen Teig 15–20 Minuten in den Kühlschrank stellen. Teelöffelweise walnussgroße Kugeln formen, platt drücken und mit Abstand auf ein mit Backpapier ausgelegtes Backblech setzen. Cookies nun 10–15 Minuten bei 180 °C im vorgeheizten Backofen backen. Abkühlen lassen.

Butterplätzchen (Seiten 65, 69, 78)

250 g Mehl
125 g Butter
125 g Zucker
1 Päck. Vanillinzucker
1 Ei
½ TL Backpulver

Butter und Zucker verrühren, das Ei untermischen. Alle übrigen Zutaten einkneten. Der Teig muss 30 Minuten kalt gestellt werden und kann anschließend auf einer bemehlten Arbeitsfläche 0,5 cm dick ausgerollt und ausgestochen werden. Die Butterplätzchen werden bei 200 °C im vorgeheizten Backofen 10–12 Minuten gebacken. Sie sollten recht hell bleiben und an den Rändern leicht goldbraun sein.

Apfelpunsch (Seite 88)

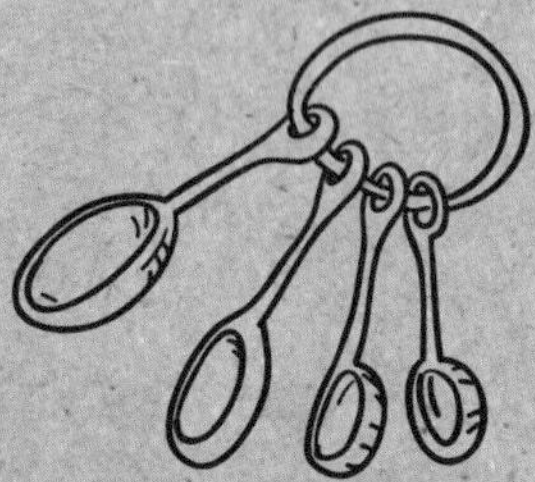

1 l Apfelsaft
100 ml Rum
Saft einer Zitrone
1 Stange Zimt
½ TL Zimtpulver
5–6 Nelken
3 Sternanis
2 Äpfel, in kleine Würfel geschnitten

Alles in einen Topf geben und gut vermengen. Das ganze Gemisch gleichmäßig erhitzen, sieden aber nicht kochen lassen.

Marshmallows (Seite 92+94)

250 g Puderzucker
30 g Sofort-Gelatine
4 EL Puderzucker
4 EL Speisestärke
Vanillearoma

Speisestärke mit Puderzucker 1:1 mischen. Backform (ø 28 cm) mit Backpapier auslegen und mit der Hälfte der Mischung berieseln. 250 g Puderzucker mit Sofort-Gelatine und einigen Tropfen Vanillearoma anrühren und in die Backform füllen. 3 Stunden stocken lassen. Dann den Rest der Mischung oben auf die Masse stäuben. Nun kannst du Marshmallows ausstechen (Keksform) oder zuschneiden (Messer).

Ob das was wird?

DAS SIND DIE KREATIVEN KÖPFE, DIE HINTER DIESEM BUCH STECKEN:

Ohhhh hacky da-haaaayyyyyy...*träller* Bei uns ist fast jeder Tag ein Hack-Test-Tag, denn schließlich haben wir unsere kleinen Jungs, und denen muss man manchmal mit allerlei Tricks kommen, um ihnen dieses und jenes schmackhaft zu machen. Und selbst wenn es mal nicht um Essen und Co. geht, freuen wir uns natürlich über hilfreiche Tipps, die in irgendeiner Art und Weise unseren Alltag erleichtern. Das tut doch jeder, oder?

Ob es um fruchtige Angelegenheiten geht, geheime Rezepturen, Zweckentfremdungen oder schnelle Mixereien – wir lassen nichts unversucht!

So einen Rudolf wollten wir schon immer mal haben! Wie bei allen unseren Büchern muss Hund Flash assistieren. Diesmal erschnüffelt er als weihnachtliches Rentier die beste Deko.

Bei uns ist natürlich nicht jeden Tag Weihnachten. Manchmal ist auch Frühling, Sommer, Herbst, Nicht-Geburtstag, Urlaub, Fasching oder einfach nur ein lustiger Gemeinsam-Kaffee-Trink-Tag. Wir lieben jedes Thema und jede Herausforderung. Praktischerweise leben wir ja beide in Berlin. Seit unserer gemeinsamen Ausbildung zu Mediendesignerinnen sind wir (und Flash) ein eingeschworenes (Autoren-)Team. Heute sind wir M.A. Mediengestalterin (Bianka) und Dipl. Kommunikationspsychologin (Franziska), verrückte Hühner und leidenschaftliche Kreativbuch-Schreiber.

Bianka und Zissy sind käuflich: in ihrem Dawanda Shop gibt es viele tolle, selbstgemachte Accessoires und Schmuck: www.dawanda.com/shop/Zweieck. Neugierig? Besucht die beiden auf ihrer Facebook-Fanpage: www.dawanda.com/shop/Zweieck

Buchempfehlungen für Sie

TOPP 7623

ISBN 978-3-7724-7623-5

TOPP 7468

ISBN 978-3-7724-7468-2

TOPP 7514

ISBN 978-3-7724-7514-6

TOPP 6455

ISBN 978-3-7724-6455-3

TOPP 4216

ISBN 978-3-7724-4216-2

TOPP 5185

ISBN 978-3-7724-5185-0

TOPP 6394

ISBN 978-3-7724-6394-5

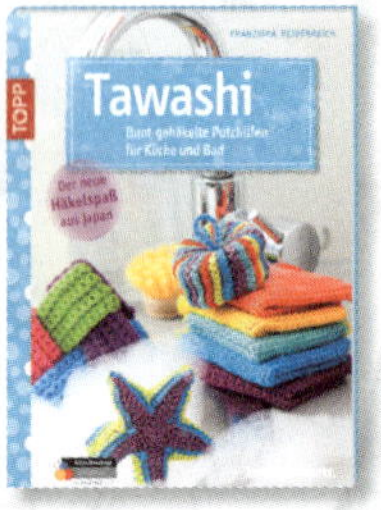

TOPP 6940

ISBN 978-3-7724-6940-4

TOPP 5679

ISBN 978-3-7724-5679-4

TOPP 5782

ISBN 978-3-7724-5782-1

Kreativ-Bücher finden Sie auf www.TOPP-kreativ.de

Weitere Ideen zum Selbermachen gesucht?

Lieblingsstücke von einfach bis einfach genial finden Sie bei TOPP! Lassen Sie sich auf unserer Verlagswebsite, per Newsletter oder in den sozialen Netzwerken von unserer Vielfalt inspirieren!

Website

Verlockend: Welcher Kreativratgeber soll es für Sie sein? Schauen Sie doch auf **www.TOPP-kreativ.de** vorbei & stöbern Sie durch die neusten Hits der Saison!

TOPP-Autoren

Sie wollen wissen, wer die „Macher" unserer Bücher sind? Wer Ihnen nützliche Tipps &Tricks gibt? Auf **www.TOPP-kreativ.de/Autor** warten jede Menge spannender Infos zum jeweiligen Autor auf Sie. Finden Sie heraus, welches Gesicht hinter Ihrem Lieblingsbuch steckt!

Facebook

Werden Sie Teil unserer Community & erhalten Sie brandaktuelle Informationen rund ums Handarbeiten auf **www.Facebook.com/Milstrickzentrale**
Wer sich für Basteln, Bauen, Verzieren & Dekorieren interessiert, ist auf **www.Facebook.com/Bastelzentrale** genau richtig!

Pinterest

Sie sind auf der Jagd nach den neusten Trends? Sie suchen die besten Kniffe? Die schönsten DIY-Ideen? All das & noch vieles mehr gibt es von TOPP auf **www.Pinterest.de/Frechverlag**

Newsletter

Bunt, fröhlich & überraschend: Das ist der TOPP-Newsletter! Melden Sie sich unter: **www. TOPP-kreativ.de/Newsletter** an & wir halten Sie regelmäßig mit Tipps & Inspirationen über Ihr Lieblings hobby auf dem Laufenden!

Extras zum Download in der Digitalen Bibliothek

Viele unserer Bücher enthalten digitale Extras: Tutorial-Videos, Vorlagen zum Downloaden, Printables & vieles mehr. Dieses Buch auch? Dann schauen Sie im Impressum des Buches nach. Sofern ein Freischaltcode dort abgebildet ist, geben Sie diesen unter **www.TOPP-kreativ.de/DigiBib** ein. Nach erfolgreicher Registrierung erhalten Sie Zugang zur digitalen Bibliothek & können sofort loslegen.

YouTube

Sie wollen eine ganz neue Technik ausprobieren? Sie arbeiten an einem spannenden Projekt, aber wissen nicht weiter? Unsere Tutorials, Werbetrailer, Interviews & Making Ofs auf **www.YouTube.com/Frechverlag** helfen Ihnen garantiert dabei, den passenden Ratgeber von TOPP zu finden.

Instagram

Sie sind auf Instagram unterwegs? Super, TOPP auch. Folgen Sie uns! Sie finden uns auf **www.Instagram.com/Frechverlag**
Möchten Sie uns an Ihrem Lieblingsprojekt teilhaben lassen? Am besten posten Sie gleich ein Foto mit dem Hashtag **#frechverlag** & wir stellen Ihr Werk gerne unserer Community vor – yeah!

Alles in einer Hand gibt's hier:

Kreativ-Bücher finden Sie auf www.TOPP-kreativ.de

BASTELBÖGEN:

bemalen, ausschneiden, benutzen

Auf den nächsten Seiten findest du Material für schnelle Geschenkanhänger & Co. Schneide sie aus, dann kannst du sie ausmalen, bekleben, laminieren oder was auch immer dir damit einfällt. Das ist schneller Weihnachtsspaß!

Du bist mein

Hauptgewinn

Du bist mein

Hauptgewinn

1

2

3

4

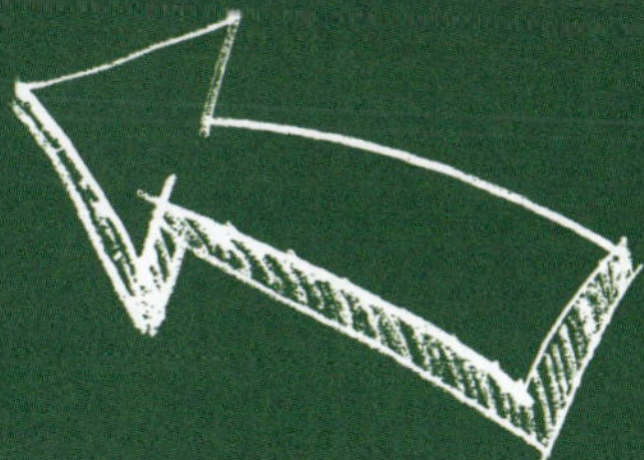

Die einzelnen Teile ausschneiden und mit einer Musterklammer verbinden.

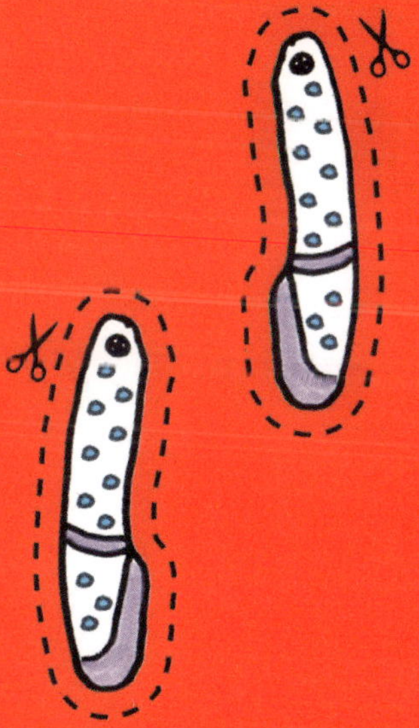

Das Rentier ausschneiden. Am Strich auf der linken Seite einschneiden. Und die Laschen der rechten Seite hineinstecken. Fertig ist dein Rentier-Aufsteller!